The biblical Book of Esther as one of the most important sources on the history of the Battle of Cunaxa (401 BC) and Transcaucasia

Jabbar M.Mammadov

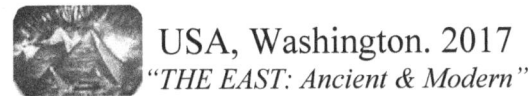

USA, Washington. 2017
"THE EAST: Ancient & Modern"

Copyright © 2017 by Jabbar Manaf oglu Mammadov
ORCID ID: 0000-0002-9754-4834
E-mail: j.m.mammadov@gmail.com

ISBN – 10:   0-6928807-2-0
ISBN – 13:   978-0-692-88072-2

All rights reserved.
No part of this publication may be used, copied, reproduced, modified, distributed, displayed, stored in a retrieval system, or transmitted in any form by any means (electronic, mechanical, photocopying, recording or otherwise),
including existing and those that will emerge in the future – without the prior written authorization of author.
Unauthorized reproduction of any part of this work is illegal and is punishable by law.
Reproduction of selections of this publication, for internal and non-commercial or academic use only, is permitted and must include the full attribution of the material's source and author.
No other right or permission is granted
with respect to this work.

The Library of Congress (US)
has catalogued the paperback edition as follows:

ISBN – 10: 0-6928807-2-0
EAN: 9780692880722
Author: Jabbar M.Mammadov
Country of Publication: United States
Publisher: «THE EAST: Ancient & Modern»

Библейская Книга Есфирь как один из важнейших источников по истории Кунакской битвы (401 г. до н.э.) и Закавказья

Джаббар М.Мамедов

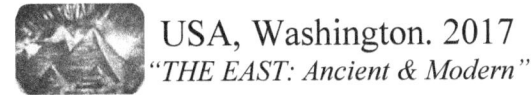

USA, Washington. 2017
"THE EAST: Ancient & Modern"

Copyright © 2017 Мамедов, Джаббар Манаф оглы
ORCID ID: 0000-0002-9754-4834
E-mail: j.m.mammadov@mail.ru

ISBN – 10:   0-6928807-2-0
ISBN – 13:   978-0-692-88072-2

Все права защищены.
Без предварительного письменного разрешения автора никакая часть этой публикации не может быть использована, скопирована, воспроизведена, изменена, распространена, отображена, сохранена в поисковой системе или передана в любой форме любыми средствами (электронными, механическими, фотокопировальными, записывающими или иным образом), в том числе существующими и теми, которые появятся в будущем.

Несанкционированное воспроизведение любой части этой работы является незаконным и наказуемым по закону.

Разрешается воспроизведение отрывков этой публикации только для внутреннего и некоммерческого или академического использования, но должно включать полное указание источника и автора материала.

В отношении этой работы не предоставляется никакое другое право или разрешение.

В Библиотеке Конгресса (США) это издание классифицировано следующим образом:

ISBN – 10: 0-6928807-2-0
EAN: 9780692880722
Автор: Джаббар М.Мамедов
Страна публикации: США
Издательство: «THE EAST: Ancient & Modern»

Автор выражает глубокую благодарность за поддержку, вдохновение и создание необходимых условий для написания этой книги: *Ровнагу Абдуллаеву* – Президенту SOCAR (Азербайджан), *Акад. Хошбахту Юсифзаде* – первому вице-президенту SOCAR и *Абульфасу Гараеву* – министру культуры и туризма Азербайджана.

SUMMARY

Having compared the biography of the main characters and the history of the events with real facts the author of the book concluded that the "Esther scroll" describes the events taking place on the eve of the Battle of Cunaxa (401 BC) in the Persian Empire.

It is claimed that in real history King Ahasuerus is Artaxerxes II; Vashti *(Astin)* is his mother Parysatis – the former queen of Persia, who fiercely opposed the Artaxerxes accession to the throne and demonstratively acted against him; Esther, the wife of Artaxerxes II – Stateira, the whole her family was buried alive by Parysatis several years ago; Mordecai, the commander, satrap and cousin of Stateira – Tissaphernes *(it is known from history that he and Stateira were descendants of the Jew Hydarnes)*; Haman, the brother of the king, Cyrus the Younger, who under the pretext of punishing Tissaphernes received permission from Artaxerxes to collect troops *(including the Macedonians, as reflected in the scroll of Esther)*, at the end he planned to use these troops to overturn Artaxerxes, uncovered the plot Tissaphernes handed over this information through the Stateira to Artaxerxes.

As a result, surrounded by a conspiracy and treachery of all his ministers and relatives *(brother, mother)*, Artaxerxes had to rely only on the wife's relatives who, having raised the Jewish clan throughout the Persian Empire, calling the Jews of the Northern regions to revolt blocked the approach of a huge enemy army *(70-80 thousandth army of Cyrus)* towards the capital and contributed to its defeat. Cyrus was killed in this battle *(in 401 BC)*, his posts and possessions were transferred to Tissaphernes and from that time he became the closest man to Artaxerxes.

This book outlines the further fate of these Biblical characters and their descendants on the basis of the real biography of Stateira and Tissaphernes, a number of important conclusions concerning the Jewish history of Transcaucasia and Iran are drawn based on the information of this book.

АННОТАЦИЯ

Автор книги при сопоставлении биографии главных персонажей и истории изложенных событий с реальными фактами делает вывод, что в «свитке Эстер» описаны события, происходящие накануне «Кунакской битвы» *(401 г. до н.э.)* в Персидск. империи.

Утверждается, что в реальной истории царь Агасфер – это Артаксеркс II; Астинь – его мать Парисатида – бывшая царица Персии, которая яростно противилась вступлению Артаксеркса на престол и демонстративно выступила против него; Эстер, жена Артаксеркса II – Статира, всю семью которой несколько лет назад заживо похоронила Парисатида; Мардохей, полководец, сатрап и двоюродный брат Статиры – Тиссаферн *(из истории известно, что и он, и Статира были потомками еврея Гидарна)*; Аман, брат царя – Кир Младший, под предлогом наказать Тиссаферна получил разрешение Артаксеркса на сбор войск *(в том числе македонских, что отражено в свитке Есфири)* и по окончании планировал использовать эти войска для свержения самого Артаксеркса; Тиссаферн, раскрыв заговор, передал эту информацию через Статира самому Артаксерксу.

В результате оказавшийся в окружении заговора и будучи преданным всеми своими министрами и родными *(братом, матерью)*, Артаксеркс вынужден был опираться только на родственников жены, которые, подняв на ноги еврейский клан по всей Персидской империи, призывая евреев северных областей на восстание, тем самым перекрыли пути приближения огромной вражеской армии *(70–80-тысячной армии Кира)* в столицу и способствовали её разгрому. Кир в этом сражении был убит *(в 401 г. до н. э.)*, его должности и имущества были переданы Тиссаферну, и отныне он стал самым близким человеком Артаксеркса.

В этой книге излагается и дальнейшая судьба этих библейских персонажей и их потомков на основании реальной биографии Статиры и Тиссаферна, а также исходя из информации, представленной в этой книге, делается ряд важных выводов относительно еврейской истории Закавказья и Ирана.

Оглавление

Введение 1
- Некоторые проблемы 3
- Исторические корни Пурима 6

ПАРАЛЛЕЛИ МЕЖДУ ГЛАВНЫМИ ПЕРСОНАЖАМИ «КН. ЕСФИРИ» и «АНАБАСИСА» КСЕНОФОНТА

- **ЭСТЕР (ЕСФИРЬ) – СТАТИРА**
    1. Она была женой персидского царя 10
    2. Она была сиротой 10
    3. Её опекуном был двоюродный брат 11
    4. Она была иудейкой 12
    5. Она стала соперницей царицы страны 12
    6. Она заменила царицу страны в этом статусе 12
    7. Артаксеркс очень любил Эстер 13
    8. Пользуясь своим высоким положением при дворе, она добилась отмены ряда важных антисемитских декретов в персидской империи, и, наоборот, способствовала значительному улучшению положения еврейского народа 13

- **АСТИНЬ (Вашти) – ПАРИСАТИДА**
    1. Она была предшественницей Эстер в статусе «царицы Персии» 14
    2. В одной из торжественных церемоний Астинь опозорила царя своим публичным отказом от участия в его кампании 14
    3. Взамен Астинь тоже устроила альтернативный пир 15
    4. Астинь была низложена, и на ее место возведена Эстер 15

- **МАРДОХЕЙ – ТИССАФЕРН**
    1. Он был одним из придворных царя 16
    2. Он был родственником и опекуном жены царя 18
    3. Он был в таком высоком статусе, что имел право не признавать «правую руку» царя 18
    4. Он был иудеем 21
    5. Он был одним из Вавилонских пленников? 25
    6. Мардохей раскрыл заговор против царя 20
    7. Мардохей раскрыл и предотвратил заговор против иудейского рода (с помощью своей племянницы Эстер) 20
    8. "Народом Мардохея" были населения Закавказья 27

■ АМАН – КИР МЛАДШИЙ

1. Он был одним из придворных царя 51
2. Аман был выше всех придворных 51
3. Аман подготовил заговор против царя страны 52
4. Между Аманом и Мардохеем существовала вражда 52
5. Причина этой вражды 52
6. Аман подготовил заговор против евреев в Персидской империи
   52
7. И этот заговор Амана, как и первый, в действительности был
   направлен против самого царя 54
8. Аман был умерщвлён царем как враг государства 54
9. Царь передает все имущество и должности Амана Мардохею . 55

■ АРТАКСЕРКС – АРТАКСЕРКС II

1. Артаксеркс издал указ, позволяющий «второму лицу в царстве» уничтожить кузена своей жены и его народ. Через несколько месяцев издал второй указ, позволяющей кузену своей жены уничтожить армию «второго лица в царстве». После его исполнения назначил «вторым лицом» в царстве самого кузена жены 57
2. Артаксеркс был евреем 58

ПАРАЛЛЕЛИ МЕЖДУ ГЛАВНЫМИ СОБЫТИЯМИ

■ Действия Амана

1. Аман организовал заговор против царя. Двоюродный брат Эстер раскрыл заговор и передал все царю 68
2. Чтобы оставить царя на поле боя одного, заговорщики решили устранить главную его опору – двоюродного брата жены царя и весь его клан, получив для этого разрешение царя 69
3. Аман добился разрешения царя на геноцид евреев взяткой 70

■ Действия Мардохея

1. Двоюродный брат жены царя и его народ обречены – царь не хочет принять и выслушать его 72
2. Мардохей передает Эстер информацию о приближающихся угроз необычным методом 73

■ Действия Артаксеркса

1. Царь не имеет возможности аннулировать первый указ 76
2. Царь издает второй указ, разрешающий евреям страны обороняться, восставать против госслужащих 76
3. Истребление приверженцев Амана продолжалось и в столице . 80

НЕКОТОРЫЕ РАЗМЫШЛЕНИЯ

- **Другие совпадения**
    1. Дата происходящих событий 81
    2. Интервал между двумя противоречащими указами 82
    3. Численность разбитых врагов 82
    4. Дата написания книги 84
    5. Почему этот праздник называется «Пурим»? 86

- **Какая версия "Кн. Есфири" является более достоверной: Септуагинта *или* Масоретский текст?**
    1-2. Первый и второй аргумент в пользу греческого текста 87
    3. Третий аргумент в пользу греческого текста 88
    4. Четвертый аргумент в пользу греческого текста 89
    5. Пятый аргумент в пользу греческого текста 89
    6. Шестой аргумент в пользу греческого текста 90
    7. Седьмой аргумент в пользу греческого текста 90

- **Реконструкция дальнейшей судьбы основных героев – на основании реальной истории**
    1. Дальнейшие судьбы Эстер и Мардохея 91
    2. Дальнейшая судьба потомков Эстер и Мардохея 94

- **Почему перепутана вся эта история в науке?** 97

Итог **107**

Введение

Как известно, одним из популярных праздников еврейского народа является «Пурим», который отмечается на рубеже 8 марта каждый год. История этого праздника описана в 34-й части Танаха и 8-й книге Ктувима, называемой «Книга Есфири», согласно которой жена одного персидского царя была еврейкой, и однажды она, используя свои чары, рискуя своей жизнью, спасла еврейский народ в Персидской империи от геноцида, подготовленного и одобренного на царском уровне. Она не только добилась аннулирования этого антисемитского указа царя, но и второго указа, который предусматривал наказание приверженцев и инициаторов первого указа[1][2].

Этот день уже более 2 тыс. лет отмечается евреями всего мира *(праздник «Пурим»)* накануне 8 марта каждого года, и даже есть версия, что праздник "8 марта" – международный день женщин – на самом деле был создан в честь именно этой еврейской женщины – Эстер[3][4][5].

---

[1] *Библия*: Книга Есфири
[2] *Wikipedia:* Книга Есфирь
[3] История возникновения праздника 8 марта: Кто же вышел на улицы Нью-Йорка – текстильщицы или проститутки? *[URL: http://kp.ua/life/493239-prostytutky-evrey-y-klara-tsetkyn-vse-versyy-proyskhozhdenyia-8-marta]*
[4] Есфирь и 8 марта. История праздника *[URL: http://www.kramola.info/-vesti/neobyknovennoe/jesfir-i-8-marta-istorija-prazdnika]*
[5] 8 марта – день Есфири *[URL: http://www.kramola.info/vesti/protivostojanie/8-marta-den-jesfiri]*

По мотивам этой истории были созданы десятки литературных[6] и художественных[7] произведений, сняты десятки фильмов[8], в честь этой женщины был назван один из астероидов *(Есфирь-622[9])*. В Талмуде высказывается мнение, что, когда все книги Пророков и Писания будут забыты, книга Есфири не забудется и праздник Пурим не потеряет своего значения[10]. Утверждается даже, что Пурим столь же велик, как и тот день, в который Тора была дана Моисею на горе Синай[11].

---

[6] *Wikipedia:* Современные пересказы кн. Есфирь *[URL: https://en.wikipedia.org/wiki/Book_of_Esther#Modern_retelling]*

[7] *Wikipedia:* Картины по теме Есфирь *[URL: https://en.wikipedia.org/wiki/Category:Paintings_of_Esther]*

[8] Список фильмов про Эстер: http://www.imdb.com/list/keTbsx1RU4k/

[9] *Wikipedia:* Астероид Эстер *[URL: https://en.wikipedia.org/wiki/622_Esther]*

[10] Иерусалимский Талмуд, *Меггила I.70d*; Маймонид, Мишнэ Тора, *Меггила III.18*

[11] Комментарий «Пахад Ицхак» к Талмуд, Баба Меция гл. 9

Некоторые проблемы

Относительно личности Эстер, Мардохеи и др., а также происхождения этого праздника вот уже 2 000 лет идет дискуссия:

Проблема 1) Происходили ли эти события в действительности? Относительно этого ученые разделились на 2 фронта[12]: (a) считающие эти события вероятными; *или* (b) считающие "Книгу Есфири" литературным произведением, плодом фантазии некоего писателя, не имеющим к реальности никакого отношения. Историческая ценность книги зависит от этого вопроса. Подробное описание быта, характера персидских царей, государственного устройства Персии *(в частности, автору известно, что при персидских царях действовал совет из семи «князей» [Есф. 1:14], что в стране была развитая курьерская сеть [Есф. 3:13, 8:10], и т.д.)*, обстановки той эпохи, особенности языка книги, масса подлинных персидских и арамейских имен и др. считается аргументом в пользу *первых*, а невозможность некоторых событий и отсутствие упоминания о таком масштабном событии во внебиблейских источниках усиливает позиции *вторых*. Невероятным кажется особенно тот момент, что вряд ли какой-нибудь царь санкционировал бы уничтожение целого народа в своем царстве *(Есф. 3:8-15)* или же 75 тыс. своих поданных *(Есф. 9:16)*, и инициировал бы вооруженное столкновение и гражданскую войну в своей собственной стране *(Есф. 9:11-15)*. Также критики сомневаются в том, чтобы влиятельная персидская аристократия вряд ли потерпела бы известный выбор царя при женитьбе и назначение на должность первого министра империи грека или амалекитяна, а потом еврея;

---

[12] "Есфири книга" в Православной Энциклопедии [http://www.pravenc.ru/text/190265.html#part_20]

Проблема 2) Реальные прототипы персонажей "свитка Есфири" тоже являются предметом дискуссии[13]. Относительно этого вопроса среди ученых существует 4 мнения: эти события происходили при царе Ксеркса I, Ксеркса II, Артаксеркса I или же Артаксеркса II. Можно сказать, что сегодня большинство ученых идентифицируют царя Агасфера с персидским царем Ксерксом. Так резюмирует мнения современных ученых относительно этого вопроса «Православная Богославская Энциклопедия»: «*Агасвер — имя царя, упоминаемого в книге Есфирь и отождествляемого с Ксерксом (485—465 до Р. Хр.), сыном Дария Гистаспа, мидо-персидским царем, который на клинообразных надписях называется Ксайярша.* **Тождество их не подлежит никакому сомнению**: *не только тождественны самые их имена, но и характеры, в которых особенно отличительными чертами были страсть к блеску и пиршествам, тиранические наклонности, безрассудства и умственная зависимость от других. Касательно этих черт характера Ксеркса см. у Герод. 7.35.37; 9.10.7; Justin. 2.12; Strabo, 5.3. Отсутствием Ксеркса во время греческой войны объясняется то, почему Есфирь была избрана лишь не ранее седьмого года его царствования, хотя Вашти была отвергнута еще в третий год*»[14];

А также Эстер идентифицируется с Аместрисой *(женой Ксеркса I, матерью Артаксеркса I)*, Космартиденой *(женой Артаксеркса I, матерью Дарий II)* и др.

---

[13] *Евгений Шнайдер:* были Царская история: кем на самом деле были Эстер и Мордехай? // Журнал «U-Jew!», 2017 г. Вып. №10. Стр. 50-55 [http://uj-ew.com.ua/carskaya-istoriya-kem-na-samom-dele-byli-ester-i-mordehaj]

[14] Православная Богославская Энциклопедия: «АГАСВЕР» *[URL: https://ru.wikisource.org/wiki/ПБЭ/ВТ/Агасвер]*

Проблема 3) «Книга Есфири» дошла до нас в двух версиях[15]: греческой *(написана до н.э.)* и еврейской *(V-VIII вв.)*. Какая из них является изначальной, достоверной? Дело в том, что, помимо того, что еврейская версия уступает греческой по объёму в два раза, они также в соответствующих частях имеют мелкие смысловые различия[16]. Относительно этого среди ученых оформилось два мнения: (a) первичным является еврейская версия, а греческий переводчик вольно добавил некоторые главы. То есть недостающие части в Масоретской версии являются позднейшими вставками греческих авторов; *или* (b) первичной является греческая версия, и еврейский переводчик вольно сокращал «излишние» *(по его мнению)* части, из соображений лаконичности и художественности. Стоит отметить, что сегодня в официальной библеистике оригиналом считается масоретская *(еврейская)* версия, а греческая – её переводом.

В этой книге, думаем, мы сможем найти ответы на эти вопросы.

Также на основании полученных результатов *(методом синхронного анализа)* в этой книге мы постараемся реконструировать дальнейшую реальную трагическую судьбу героев этой Библейской книги, и их родов, а также на основе этой кн. Библии прояснить некоторые тёмные стороны истории Персии и Закавказья.

---

[15] Вернее, существует в нескольких версиях: латинских, эфиопских и др. (см.: *Проваславная Энциклопедия*: «Есфири книга: Текст и древние переводы» [http://www.pravenc.ru/text/190265.html#part_2]), версия Иосифа Флавия *(Иудейские древности. XI.6)* - но все они являются производными от этих двух. – *автор*.

[16] *Лопухин:* Толкование кн. Есфири. *Предисловие* [URL: [https://azbyka.ru/otechnik/Lopuhin/tolkovaja_biblija_20/]

Исторические корни Пурима

В 404 г. до н.э. умер царь персидской империи Дарий II. На его место были выдвинуты кандидатуры старшего и младшего сына. Первого как наследника завешал сам Дарий, а второго выдвинула и активно поддерживала его жена *(одновременно сводная сестра Дария)* Парисатида. Но знать в конце концов решила поддерживать завещание покойного Дария.

Но Парисатида не хотела уступать. Ради своих амбиций она была готова идти на все. *Первый раз* она планировала покушение на своего старшего сына, которое было раскрыто, и исполнители были казнены. *Второй раз* она, не найдя поддержки внутри страны, планировала прибегнуть к помощи врагов Персии. Таким образом клан Парисатиды вошел в тайный сговор с извечным врагом Персии – Грецией, и греки согласились оказывать военную помощь Парисатиде и ее младшему сыну за совершение государственного переворота в своей стране.

Выделенная Грецией 13-тысячная профессиональная армия вошла на территорию Персии со специальным секретным поручением[17] греческих руководителей и начала свободно продвигаться прямо к сердцу Персии под предводительством младшего сына Парисатиды – Кира. Поскольку во главе вражеской армии

---

[17] *Плутарх:* Артаксеркс. Прим. 12 *[URL: http://ancientrome.ru/antlitr/-t.htm?a=1439004500#n12]*

стоял брат самого царя, сатрапы[18] этих регионов не особенно сопротивлялись на переход этой огромной армии через их территории, а наоборот, всячески помогали – в частности, войском, т.к. Кир Младший оформил этот поход так, что он якобы собирается подавить восстание на соседней сатрапии и наказать сатрапа этого региона *(Тиссаферна)* по указу самого царя. И, действительно, указ у него был, но царь очень поздно понял, что наказание сатрапа было предлогом, а на самом деле его разрешение на сбор войска было получено для свержения его самого. Услышав через **кузена** своей жены *(от Тиссаферна)* о продвижении прямо к нему огромной вражеской армии под предводительством его младшего брата, царь начал спешно готовиться к войне, но не успел и был побежден при первом же столкновении. Однако случилось нечто необычное: после победы греческие наёмники узнали, что их претендент на трон – Кир Младший – погиб в этом бою[19]. Получилась патовая ситуация: официальный царь страны войну проиграл, а претендент убит. Т.е. выполнить предварительные договоры, выплатить жалования греческим наемникам больше некому. С его смертью победа греков обернулась поражением, война для них потеряла всякий смысл, и они были вынуждены вернуться на родину с пустыми руками[20][21][22].

---

[18] Сатрап – эллинизированное персидское слово кшатрапаван, означающее – "блюститель области", т.е. наместник – *прим.*

[19] *Ктесий Книдский:* Персика. Кн. XIX-XX. F16 § 64 *[URL: http://simposium.ru/ru/node/12247]*

[20] *Wikipedia:* Отступление десяти тысяч греческих наемников *[URL: https://en.wikipedia.org/wiki/Ten_Thousand_(Greek_mercenaries)]*

[21] *Дандамаев М.А.:* Политич. история Ахеменидской державы. М.1985. Раздел: «Мятеж Кира Младшего» [URL: http://oldevrasia.ru/library/M-A-Dandamaev_Politicheskaya-istoriya--Akhemenidskoy-derzhavy/35]

22 *Голицын Н. С. (1872):* Всеобщая военная исторiя древнихъ временъ. ГЛАВА IX. Восстание Кира Младшего и отступление 10.000 греков (401-400). *[URL: http://simposium.ru/ru/node/301]*

Во всех этих процессах незаменимую роль сыграл кузен жены царя – начиная от раскрытия обоих заговоров, заканчивая подвигами в бою и нейтрализацией греческих наемников после сражения, за что после битвы был награжден по-царски: все имущество и должности младшего брата царя были переданы ему, а также дочь царя *(от его двоюродной сестры)* была выдана ему в жёны *(см. здесь стр. 55)*.

Именно эта история и описана в кн. Есфири.

А теперь начнем искать параллели между этими событиями и известными событиями кн. Есфири.

ПАРАЛЛЕЛИ МЕЖДУ ГЛАВНЫМИ ПЕРСОНАЖАМИ «КН. ЕСФИРИ» и «АНАБАСИСА» КСЕНОФОНТА

ЭСТЕР (ЕСФИРЬ) – СТАТИРА

В „кн. Есфири": Ее имя Эстер[23][24][25] *(на русском используется версия Есфирь, греч: εстər; иврит:* אֶסְתֵּר*),* – дочь Аминадавы, или же Абихаила *(Есф. 9:29).* Её девичье имя – Хадасса *(на иврите:* הֲדַסָּה*)*

В истории: Ее имя Статира[26] *(440-400 гг. до н.э.)* – жена Артаксеркса II Мнемона, дочь Гидарна II или Гидарна III *(или какого-то из их братьев),* прапраправнучка еврея Гидарна I[27] – одного из семи известных персов-заговорщиков[69][70], которые привели Дария I к власти[28] *(о нем более подробно здесь на стр. 21-25).* Она является общим предком аршакидской и оронтидской династии.

---

[23] Разделы кн. Есфири, где упоминается ее имя *[URL: https://ekzeget.ru/search_stih.php?search=%C5%F1%F4%E8%F0%FC]*

[24] Статья Есфирь: *В Википедии* https://en.wikipedia.org/wiki/Esther; В ЕЭБЕ: https://ru.wikisource.org/wiki/ЕЭБЕ/Эсфирь ; В *Еврейской Энциклопедии:* http://www.jewishencyclopedia.com/articles/5872-esther

[25] *Wikipedia:* Есфирь в Раввинской литературе *[URL: https://en.wikipedia.org/wiki/Haman_in_rabbinic_literature;*

[26] Статья Статира: В Википедии: https://en.wikipedia.org/wiki/Stateira_(wife_of_Artaxerxes_II); В Ираник-е: http://www.iranicaonline.org/articles/stateira#st1

[27] Статья Гидарн: В *Wikipedia:* https://en.wikipedia.org/wiki/Hydarnes; В Ираник-е: http://www.iranicaonline.org/articles/hydarnes; Livius-е: http://www.livius.org/articles/person/hydarnes-1/?

[28] *М.А.Дандамаев:* Политическая история Ахеменидской державы: Захват власти Дарием I *[URL: http://oldevrasia.ru/library/M-A--Dandamaev_Politicheskaya-istoriya--Akhemenidskoy-derzhavy/12]*

1. Она была женой персидского царя

> *В „кн. Есфири":* Мужем Эстер был персидский царь Агасфер *(ивр.*אחשורוש *— Ахашверош).* На Западе известен как Ксеркс или Артаксеркс[29][30][31]

В истории: Мужем Статиры был персидский царь Артаксеркс II[346] *(435-358. Взошёл на трон в 404 г. до н.э.),* настоящее имя которого было *Aršak*[32], прозвище – Мнемон

2. Она была сиротой

> *В „кн. Есфири":* «Не было у нее ни отца, ни матери» (Есф. 2:7)

В истории: Свекровь *(одновременно свекровь ее брата)* Статиры Парисатида в 410 г. до н.э. заживо похоронила всю семью Статира *(отца, мать, братьев: Теритухма, Митроста, Геликона, и 2-х сестер)*[33] — из-за того, что якобы ее брат Теритухм, т.е. муж дочери Парисатиды, изменял своей жене *(т.е. дочке Парисатиды Аместрисы*[34][35]*, тем более будто бы со своей сестрой).* Из-за этого Парисатида мстила ему так беспощадно. Единственной из семьи осталась живой только Статира, и ее спас Артаксеркс, плача[36] перед матерю.

---

[29] *Н. Глубоковский. Библейский словарь:* Артаксеркс *[URL: http://vboge.com/dict/glubokovskij/a/artakserks/]*

[30] *Wikipedia:* Агасфер *[URL: https://en.wikipedia.org/wiki/Ahasuerus]*

[31] *Еврейская Энц.:* Агасфер *[URL: http://www.jewishencyclopedia.com/articles/967-ahasuerus]*

[32] *Ктесий Книдский:* Персика. Кн. XVIII. F 15 § 51, F 15 § 55, F 15a (и комм. к фрагменту: № 35, 39) *[URL: http://simposium.ru/ru/node/12246]*

[33] *Ктесий Книдский:* Персика. Кн. XVIII. F 15 § 55-56; F 15b. *[URL: http://simposium.ru/ru/node/12246]*

[34] *Ираник:* Аместриса *[URL: http://www.iranicaonline.org/articles/amestris-gr]*

[35] Аместриса *[URL: https://www.geni.com/people/Amestris/6000000018991656479]*

[36] *Ктесий Книдский:* Персика. Кн. XVIII. F 15 § 56. *[URL: http://simposium.ru/ru/node/12246].* *Плутарх:* Артаксеркс 2 *[URL: http://ancientrome.ru/antlitr/t.htm?a=1439004500#sel=9:49,9:86]*

3. Её опекуном был двоюродный брат

> *В „кн. Есфири"*: После потери семьи опекуном Эстер стал двоюродный брать Мардохей *(Есф. 2:7)*.

В истории: После того, как Статира потеряла всю свою семью, ее единственным сильным родственником остался двоюродный брат Тиссаферн *(о нем см. здесь стр. 16)*, который был авторитетом на общеимперском уровне, полководцем некоторых решающих битв для Персии, один из 20 сатрапов[37] и до недавнего времени один из 4 Каранов *(военнокомандующих)* Персидской империи. Очень вероятно, что после истребления ее семьи Парисатидой Тиссаферн заменил ей всех родных, стал ей действительно опекуном и братом. Стоит обратить внимание, что среди современных исследователей нет единого мнения относительно их родственной связи: некоторые исследователи считают его **отцом** Статира *(зятем Артаксеркса)*[38], некоторые – **братом**, а некоторые – **двоюродным братом**[39][40][41], что и еще раз доказывает его Библейский статус: одновременно и двоюродный брат, и опекун Статиры.

---

[37] *Wikipedia:* Список сатрапий и сатрапов империи Ахеменидов *[URL: https://de.wikipedia.org/wiki/Liste_der_Satrapien_und_Satrapen_des_Ach%C3%A4menidenreiches]*

[38] *Плутарх:* Как отличить друга от льстеца. прим. №30 *[URL: http://simposium.ru/node/13531#_ftn30]*

[39] *Рунг Э.В.:* Тиссаферн и Гидарниды в контексте политической истории Ахеменидской державы в V в. до н.э. // «Вестник Древней Истории». 2012 №1. стр. 18 *[URL: https://books.google.ru/books?id=ZIYmDwAAQBAJ-&pg=PA18&dq="Особенно+смелой"]* стр. 25-26 *[URL: https://books.google.ru/books?id=ZIYmDwAAQBAJ&pg=PA25]*

[40] *Рунг Э.В.:* Античные историки о происхождении и родственных связях Тиссаферна // Античность: события и исследователи / Межвуз. сб. Казань, 1999. С. 60–67 *[URL: http://repository.kpfu.ru/?p_id=74401]*

[41] *William Bayne Fisher, Ilya Gershevitch:* The Cambridge History of Iran. 2. The Median and Achaemenian Periods, Cambridge 1985, p.349.

4. Она была иудейкой

> *В „кн. Есфири":* Эстер была иудейкой

В истории: Статира была из рода Гидарнидов / Оронтидов / Ервандидов, а эта династия была еврейской: См. здесь стр. 21-25

5. Она стала соперницей царицы страны

> *В „кн. Есфири":* Ее непримиримой соперницей была первая жена ее мужа – Астинь *(Вашти)*

В истории: Непримиримой соперницей Статиры была ее свекровь Парисатида[42], которая 6 лет назад убила всю её семью, а теперь должна уступить Статире статус царицы. Поэтому до ее смерти *«Парисатида возненавидела Статиру»*[43], и *«Статира, которая и во всём прочем открыто враждовала со свекровью»*[44].

6. Она заменила царицу страны в этом статусе

> *В „кн. Есфири":* Царь лишил Астину статуса царицы и передал его Эстер *(Есф. 2.17)*

В истории: После смерти Дария II *(404 г. до н.э.)*, власть в стране перешла к Артаксерксу II, в то же время статус «царицы Персии» перешел от Парисатиды к Статире. Схожесть между событиями налицо, просто автор перепутывает статус 2-х женщин: первая женщина которая имел над Артаксерксом столь огромной власти была не женой, а его матерью.

---

[42] *Wikipedia:* Парисатида *[URL: https://en.wikipedia.org/wiki/Parysatis]*

[43] *Плутарх:* Артаксеркс 6 *[URL: http://ancientrome.ru/antlitr.htm?a=-1439004500#sel=16:112,16:114;32:71,32:108]*

[44] *Плутарх:* Артаксеркс 17 *[URL: http://ancientrome.ru/antlitr.htm?a=-1439004500#sel=32:304,32:313]*

7. Артаксеркс очень любил Эстер

> *В „кн. Есфири"*: Артаксеркс очень любил Эстер *(Есф. 2:17)*

В истории: То, что Артаксеркс действительно любил Статиру, доказывают следующие факты:

1) Когда мать Артаксеркса Парисатида вслед за братом и другими членами семьи Эстер хотела убить и ее, Артаксеркс защищал ее, плача перед матерью, и не дал исполнить этот приказ[45][46].
2) Артаксеркс не имел другой официальной жены до самой смерти Эстер *(хотя держал гарем)*.
3) После смерти Эстер от рук его матери он жестоко наказал свою мать *(выслав в Вавилон)* и даже через годы не примирился с ней.

8. *Пользуясь своим высоким положением при дворе, она добилась отмены ряда важных антисемитских декретов в Персидской империи и, наоборот, способствовала значительному улучшению положения еврейского народа*

> *В „кн. Есфири"*: Ее ходатайство перед Артаксерксом способствовало аннулированию антииудейского эдикта царя и спасло евреев от геноцида в Персидской империи.

См. здесь стр. 20, 72

---

[45] *Ктесий Книдский:* Персика. Кн. XVIII. F 15 § 56; [URL: http://simposium.ru/ru/node/12246]
[46] *Плутарх:* Артаксеркс 2 [URL: http://ancientrome.ru/antlitr/t.htm?a=-1439004500#sel=9:49,9:86]

АСТИНЬ (ВАШАТИ) – ПАРИСАТИДА

1. Она была предшественницей Эстер в статусе «царицы Персии»

> *В „кн. Есфири":* Астинь *(на евр.: Вашти – «желанная», «любимая»)* – первая жена персидского царя Артаксеркса *(Есф 1.9)*[47].

В истории: Парисатида – жена и сводная сестра Дария II, мать царя Артаксеркса II и Кира Младшего. Коварная и влиятельная женщина, имеющая огромную власть над империей при Дарии и Артаксерксе II. Чтобы сохранить свое влияние в стране и после смерти Дария, она постаралась препятствовать восшествию на трон более сильного сына Артаксеркса и венчать на царство своего слабохарактерного младшего сына *(Кира Младшего)*.

2. В одной из торжественных церемоний Астинь опозорила царя своим публичным отказом от участия в его кампании.

> *В „кн. Есфири":* В одной из торжественных церемоний Астинь опозорила царя своим публичным отказом от участия в его кампании *(Есф: 1:3; 1:10-12)*

В истории: Очень вероятно, и вообще это единственный вариант, что Парисатида не должна была участвовать в церемонии инаугурации Артаксеркса. Т.к. это участие обозначало бы ее признание легитимности власти Артаксеркса. Но сегодня точно известно, что она не признавала его законным престолонаследником, а

---

[47] *Эрик Нострем:* Библейский словарь: Астинь *[URL: https://azbyka.ru/otechnik/Spravochniki/slovar-nustrema/224]*

считала таковым только своего младшего сына. Своим отказом от участия в коронации она должна была демонстрировать участвующим дворцовую интригу.

3. Взамен Астинь тоже устроила альтернативный пир

> *В „кн. Есфири":* В тот же день Астинь устроила альтернативный пир в другой части дворца *(Есф. 1:9).*

В истории: Не исключено, что Парисатида действительно устроила в тот же день альтернативный пир и этим поставила знатных людей перед выбором: *«или за сильным старым кланом, или же за этим мальчишкой».*

4. Астинь была низложена, и на ее место возведена Эстер

> *В „кн. Есфири":* Царь лишил Астинь статуса царицы страны и передал этот статус другой женщине *(Эстер) (Есф. 2.17)*

В истории: После смерти Дария II *(404 г. до н.э.)* власть в стране перешла к законному наследнику – Артаксерксу, в то же время и статус «царицы Персии» перешел от Парисатиды к Статире.

Кстати, не исключено, что Парисатида активно противостояла на коронации Артаксеркса и даже устраивала против него неоднократные *(причем безуспешные)* попытки государственного переворота, чтобы не допустить именно возвышение над собой Статиры, чьи семьи шесть лет назад она истребила *(здесь стр. 10)*, по поводу чего Дарий предупредил ее, что «она будет очень сожалеть о своем решении, позволив Статире жить после истребления ее семьи»[36].

МАРДОХЕЙ – МАРДОХЕЙ

1. Он был одним из придворных царя

> *В „кн. Есфири"*: Мардохей[48] был одним из придворных царя [Есф. 1:0 b]

В истории: Тиссаферн[49][50][51][52][53][54] *(в разных надписях встречаются варианты написания имени: Zisa[prn]na, Zissabarna, Ziutrabarna, или же Оронт I)* – сын Гидарна III или II *(отца Тиссафена называли также Ардаширом)*. Являлся одним из 20 сатрапов[55][56] *(420-408, 401-460 гг. до н.э.)* и четырех каранов Персидской империи, основатель будущей династии Оронтидов. Его дед *(или прадед)* Гидарн[27][73] был одним из семи персов-заговорщиков[69][70], приведший Дария I к власти (521

---

[48] *Wikipedia:* Мардохей *[URL: https://ru.wikipedia.org/wiki/Мардохей]*

[49] *Wikipedia:* Тиссаферн *[URL: https://en.wikipedia.org/wiki/Tissaphernes]; [URL: https://ru.wikipedia.org/wiki/Дара_II. Раздел: «Деятельность Тиссаферна»] (05.06.2017)*

[50] *Livius:* Tissaphernes. *[URL: http://www.livius.org/ti-tn/tissaphernes/tissaphernes.htm]*

[51] *Encyclopaedia Iranica:* Čıθrafarnah // *[http://www.iranicaonline.org/articles/cirafarnah-elamite]*

[52] *Westlake, H.D.:* Decline and Fall of Tissaphernes." Bd. 30, H. 3 (3rd Qtr., 1981), pp. 257-279 *[URL: http://www.jstor.org/stable/4435766]*

[53] *Danzig G.:* Xenophon's Wicked Persian, or What's Wrong with Tissaphernes? In Persian Responses, edited by C. Tuplin, 31-40. Swansea: Classical Press of Wales, 2007

[54] *Hyland, J. (2007):* Thucydides' Portrait of Tissaphernes Re-Examined." In Tuplin 2007:1–26

[55] *Wikipedia:* Сатрапы Персии в разных периодах: https://hr.wikipedia.org/-wiki/Predlo%C5%BEak:Perzijski_satrapi

[56] *Wikipedia:* Сатрапия Ахеменидской империи *[URL: https://en.wikipedia.org/wiki/Districts_of_the_Achaemenid_Empire]*

до н.э.). Позже и *"сыновья Гидарна занимали достаточно высокое положение при персидских царях"*[57]. Так, сын этого Гидарна Сисамн был сатрапом Арии, а его младший сын Гидарн Младший был командиром всего азиатского побережья[58]. Во время Фермопильского сражения *(480 г. до н.э.)* младший Гидарн получил команду из «бессмертных»[59] – отряд, который считался самым элитным корпусом персидской армии; а Сисамнс получил командование взимания арийских войск[60]. Известную битву против «300 спартанцев»[61] вели именно эти сыновья Гидарна, и обманом зашел им в тыл именно Гидарн Младший. Тиссаферн был сыном или внуком одного из них *(или же третьего их брата)*. Кроме Тиссаферна, занимали высокие должности в Персидской империи и другие внуки или правнуки Гидарна I. Так, сын или внук одного из них – Теритухм – был женат на дочери Дария II, и был сатрапом Закавказья. Ксенофонт сообщает, что во время восстания Кира Младшего против своего старшего брата – Артаксеркса II *(401 г. до н.э.)* один из родственников[62][63] Тиссаферна был комендантом в Сардах и при попытке донесения о заговоре Кира Младшего был схвачен и

---

[57] *Орлов В.П.:* Шесть знатных персов и их потомки при Дарии I: положение персидской аристократии в Ахеменидской империи. стр. 778. [URL: http://kpfu.ru/portal/docs/F1858440409/158_3_gum_12.pdf]

[58] *Геродот:* Истории. VI.133 [URL: http://ancientrome.ru/antlitr/t.htm?a=-1291641153#sel=155:53,155:55]

[59] *Геродот:* Истории. VII.66, VII.83 [URL: http://ancientrome.ru/antlitr/t.htm?a=1292787190#sel=84:12,84:34]

[60] *Геродот:* Истории. VII.66 [URL: http://ancientrome.ru/antlitr/t.htm?a=-1292787190#sel=67:15,67:21]

[61] *Wikipedia:* Фермопильское сражение // Гидарн Младший // Эфиальт (предатель) // Триста спартанцев (фильм, 1962)

[62] *Wikipedia:* Оронт (Сард) [https://de.wikipedia.org/wiki/Orontes_(Perser)]

[63] *Прим. автора:* Ксенофонт пишет (I.6.1.): «Оронт, родственник царя». Вероятнее всего, по линии жены *(Статиры)* и сестры *(Аместрисы*[34][35]*)* Артаксеркса II. Таким родственником приходился царю и Тиссаферн.

казнен им[64]. А другой его родственник участвовал в подавлении мятежа вместе с Тиссаферном[65], который, возможно, есть один и тот человек с тем, кого в другой части своей книги[66] Ксенофонт упоминает как «брата Тиссаферна». Также жена Артаксеркса II – Статира – была ему то ли кровной, то ли двоюродной, то ли троюродной сестрой. Также некий Ардашир Бактрийский[67] имел к Тиссаферну какое-то отношение – возможно, был его отцом *(о потомках Тиссаферна см. здесь стр. 94).*

2. Он был родственником и опекуном жены царя

> *В „кн. Есфири":* Мардохей был двоюродным братом и опекуном жены царя, т.к. она была сиротой *(Есф. 2:7)*

В истории: Тиссаферн был двоюродным братом *(или же другим близким родственником)* жены Артаксеркса II[68]. Вероятнее всего, после истребления семьи Статиры *(жены Артаксеркса II)* Парисатидой *(ее свекровью)* их родственные связи еще более укрепились, т.к. Тиссаферн был одним из немногочисленных оставшихся в живых и близких ко двору ее родственников, который имел возможность часто наведываться к ней.

3. Он был в таком высоком статусе, что имел право не признавать «правую руку» царя

> *В „кн. Есфири":* Мардохей был в таком высоком статусе, что имел право не признавать «второе лицо» империи (Амана), а Аман не мог с этим ничего поделать. *(Есф. 3:2)*

---

[64] *Ксенофонт:* Анабасис I.VI.1 и сл.; Также: I.IX.29 *[URL: http://www.vehi.net/istoriya/grecia/ksenofont/anabazis/]*
[65] *Ксенофонт:* Анабасис. II.IV.8 и сл.; II.V.40; III.IV.13; III.V.17; IV.III.4.
[66] *Там же:* II.5.35.
[67] *Wikipedia:* Арташир *[URL: https://en.wikipedia.org/wiki/Artasyrus]*
[68] *Э. В. Рунг:* Тиссаферн и Гидарниды в контексте политической истории Ахеменидской державы в V в. до н.э. *[https://books.google.ru/books/about?-id=ZIYmDwAAQBAJ]* стр. 18 *[Цитата: "Особенно смелой..."];* стр. 25-26.

В истории: Карьера Тиссаферна началась в Малой Азии, где он в 415 г. до н.э. в тридцатилетнем возрасте по поручению царя подавил восстание Писсуфна — сатрапа *(губернатора)* Карии и Лидии, главнокомандующего Персидской империей в Малой Азии. В качестве награды за эти успехи Дарием II была передана Тиссаферну должность и все сатрапии Писсуфна. Однако спустя семь лет *(в 408 г. до н.э.)* Дарий отнял у него должность главнокомандующего в Малой Азии, а также одну из двух сатрапий – Лидию *(Тиссаферну осталось довольствоваться лишь властью над менее значимой Карией)* и передал их своему младшему сыну — двадцатипятилетнему Киру Младшему *(Такое решение было принято Дарием при содействии Парисатиды, которая с этим шагом хотела создать трамплин для его восхождения на трон в будущем).* В результате описанных событий между Тиссаферном и Киром возникла скрытая вражда.

После смерти отца Кир Младший скрыто претендовал на трон, и Тиссаферн, как только ему становилось известно о его планах, извещал об этом Артаксеркса II *(который являлся также мужем его сестры).* Эти события еще больше разжигали вражду между Киром Младшим и Тиссаферном, образуя между ними постоянную напряженность.

Т.е., несмотря на то, что Кир Младший был братом Артарсеркса и фаворитом их матери, он не имел влияния на престолонаследника вследствие их политической конфронтации. Тиссаферн же, который не являлся носителем «царской крови», благодаря авторитету своего рода, прямым родственным отношениям с царем, а также ряду важных политических услуг, оказанных Артаксерксу, пользовался привилегированным положением при царском дворе и в империи в целом. Можно сказать, что, Кир Младший и Тиссаферн в некотором смысле имели одинаковый статус: *первый* был братом царя, а *второй* – братом его жены. И после того, как в конце концов Кир Младший привел в исполнение план, который он готовил в течение длительного времени – внезапно поднял восстание против своего брата – Артаксеркса II, Тиссаферн принимал активное участие в подавлении этого мятежа и даже сыграл ключевую роль в одержании победы, в качестве награды за что Артаксеркс вернул ему прежние сатрапии и должность, а также отдал свою дочь ему в жены *(см. здесь стр. 56).*

На протяжении всех этих событий активным компаньоном Тиссаферна была его сестра *(одновременно являвшаяся женой Артаксеркса II)*, через которую он передавал царю важные информации, вовремя осведомлял о заговорах и смог повлиять на него в ряде важных вопросов.

4. *Мардохей раскрыл заговор против царя*

> *В „кн. Есфири"*: Греческая версия Кн. Есфири как раз начинается с этого заговора против царя и с роли Мардохея в его раскрытии *(1:0 т-q)*. Относительно этого заговора дополнительно см. здесь стр. 88

В истории: Примечательным является тот факт, что и книга Ксенофонта начинается с этого заговора и с роли Тиссаферна в его раскрытии *(Анабасис: I.1.3.)*. Относительно этого заговора см. также здесь на стр. 68

5. *Мардохей раскрыл и предотвратил заговор против иудейского рода (с помощью своей племянницы Эстер)*

> *В „кн. Есфири"*: Аман добился эдикта царя для проведения в стране этнической чистки. Как только Мардохей узнал об этом, он приложил все усилия для предотвращения этого, и, наконец, вместе с Эстер они добились отмены.

См. здесь стр. 68-76

6. Он был иудеем

> *В „кн. Есфири"*: Мардохей был евреем *(Есф. 1:0 а-с; 3:4, 3:6)*

В истории: То, что Тиссаферн был евреем, нигде не написано открыто. Поэтому придется дополнительно исследовать этот вопрос.

Для определения вероисповедания Тиссаферна следует собрать все характеризирующие его идентификаторы вместе и в каждом из них искать атрибуты иудаизма. Такими идентификаторами могли бы выступить вероисповедание его предков, или потомков, или же параллельных родственников. Итак, он был родственником Статиры и ее братьев *(и других родственников)*, которые правили в то время северными областями империи под названием Оронтиды или же Гидарниды, и все они, как известно, были потомками Гидарна[69] – одного из семи персов-заговорщиков, приведших Дария I к власти[70] в 522 до н.э. *(о нем см.:*[27]*)*. Одновременно Тиссаферн был основоположником официальной династии Оронтидов[71][72][370][371] *(до него они назывались просто «сатрапами из рода Оронтидов», а после Тиссаферна – «членами династии Оронтидов»)*, которая осталась в истории под тремя названиями: Гидарниды[73], Оронтиды или же Ервандиды *(продолжением которого была родственная им династия Арташесиды и Закавказская линия Aršакидов).*

---

[69] *Страбон:* География. XI.14.15. Цитата: *«Последним властителем Армении был Оронт, потомок Гидарна – один из 7 персов»*
[70] см.: *Геродот*: История. III.70; // *Wikipedia*: Бардия [URL: https://en.wikipedia.org/wiki/Bardiya]
[71] Генеалогия Оронтидов/Ервандидов *[https://fr.wikipedia.org/wiki/Orontides#G.C3.A9n.C3.A9alogies]; [http://simposium.ru/sites/default/files/book013/Stemma06.jpg]; [http://gugukaran.narod.ru/east_old/erwantids.html]*
[72] Хороший форум про династии Оронтидов: http://www.milhistory.listbb.ru/viewtopic.php?f=23&t=60
[73] *Э.В. Рунг:* Тиссаферн и Гидарниды в контексте политической истории Ахеменидской державы в V в. до н.э. *[https://elibrary.ru/item.asp?id=17681773]*

Итак, начнем искать в каждом из них элементы иудаизма:

1) Имя Гидарна *(прадеда династии Оронтидов)* в оригинале пишется как Видарн[74]. А найденные в Ниппуре документы *(относящиеся к 432-419 г. до н.э.)* показали, что в то время это имя носили именно евреи[9][75][76].

2) Название «Оронт» не был исключительным «брендом» только этой династии. Так, оно в то время принадлежало и одному племени[77][78] в будущем царстве Адиабена, и одной реке в Палестине *(реки Аль-Аси)*[79][прим. 80]. Река носит это название еще с Ассирийских времен. Если учесть, что Адиабена до и после Ахеменидской империи был важным центром иудаизма *(см. здесь стр. 26, 28)*, то имеется основание считать племя оронтов иудейским племенем и, возможно, переселенцами с берегов Оронта *(т.к. начиная с VIII в до н.э. в этом регионе началось массовое переименование местных топонимов еврейскими, привезенными ими из Палестины, см.:*[прим. 81]*)*. Все вместе это позволяет построить такую простую логическую цепь: Гидарн и его род

---

[74] *Jan Tavernier:* Iranica in the Achaemenid Period (ca. 550-330 B.C.): Lexicon of Old Iranian Proper Names and Loanwords, Attested in Non-Iranian Texts. Peeters Publishers, 2007. p. 65 *[URL: https://books.google.ru/books?id=kQ6zTASmo6kC&pg=PA65&dq=Vidarna]*

[75] *Dandamayev M. A.:* Iranians in Achaemenid Babylonia. P.130 *[URL: https://books.google.ru/books?id=stUkDwAAQBAJ&pg=PA130]*

[76] *Jan Tavernier:* Iranica in the Achaemenid Period *(ca. 550-330 B.C.)*: Lexicon of Old Iranian Proper Names and Loanwords, Attested in Non-Iranian Texts *[https://books.google.ru/books?id=kQ6zTASmo6kC&pg=PA65&dq=vidarna]*

[77] *Плиний Старший:* Естественная история. 6:30 *[URL: http://www.perseus.tufts.edu/hopper/text?doc=Plin.+Nat.+6.30]*

[78] Скифская династия Адиабены *[URL: http://landofkarda.blogspot.com/2010/05/scythian-dynasty-of-adiabene.html]*

[79] *Wikipedia:* Оронт *[URL: https://en.wikipedia.org/wiki/Orontes_River]*

[80] *Прим. автора:* Страбон связывает этимологию этого гидронима с именем некоего человека, построившего над нею мост [Страбон: XVI.2.7]. Хотя армянские источники, поменяв местами причину и следствие, считают это называние производной от царей Армении Оронтидов, но указанные ассирийские документы показывают, что все наоборот: река называлась Оронтом еще до появления на свет прапрадеда первого из Оронтидов, и как раз Оронтиды взяли ее название себе, а не наоборот.

[81] *Прим. автора:* Уже в середине VII в. прослеживается массовая замена на территории Адиабены местных топонимов, гидронимов на еврейские, привезенные из Палестины. Так, город Hadjab *(от имени которого позже*

принадлежали к племени Оронт, и эти племена могли принадлежать к числу уведенных Ассирией или Вавилоном в плен с берегов реки Оронта.

3) Возможно, вышеуказанное совпадение названия династии, племени и реки является случайным, но совпадение и второго их идентификатора точно показывает генетическую связь между династией Оронтидов, племени Оронтов и рекой Оронта. Дело в том, все эти три объекта имеют и второе название, которое тоже совпадает: Династия Оронтидов / Ервандидов, племена Оронты/Rawands *(место распространения которых по сей день именуется Равандуз*[82]*)*, и река Оронт / Арванд *(в найденных Ассирийских надписях, относящихся к IX в. до н.э., эта река отмечалась как Arantû, а проживающие неподалеку египтяне называли ее Araûnti*[83][84]*)*.

4) Другим идентификатором этой династии мог быть их язык. Как известно, Оронтиды ползовались *(как и вся Персидская империя)* арамейским языком и продолжали пользоваться им даже после падения Ахеменидской державы. Напр, известно, что в 330 до н.э. внук Тиссаферна Оронт III *(Мифрен?)* переписывался с македонским генералом Эвменом[85] на арамейском *(сирийском)* языке[86][87] *(об этой переписке чуть подробнее см:* прим 88*)*; или же найденные межевые

получило свое название царство Адиабены) был переименован в одноименное еврейское поселение Ербиль *(сравни: Арбел, Израил, – который в Эблаитских таблетках упоминался как Irbilum)*, находящееся в Израиле, на горах Арбель; а город Халах получил название одного из Библейских персонажей – Нимруда *(сын Куша, правнук Ноя)*, что позволяет прослеживать на этих территориях следы ассирийских плен.

[82] *Wikipedia:* Равандуз *[URL: https://ru.wikipedia.org/wiki/Равандуз]*
[83] *Gaston Masfero:* History of Egypt, Chaldæa, Syria, Babylonia and Assyria (Complete). p. 1348. *[https://books.google.com/books?id=t_YB3cdPz7UC&pg=PT1348&dq=Arantû]*
[84] *Sayce A.H.:* History of Egypt, Chald_a, Syria, Babylonia, and Assyria, Vol. 4 *[URL: https://books.google.ru/books?id=-DJwk7WiVAwC&pg=PT28&dq="The+Egyptians+Knew"]*
[85] Об Эвмене см.: http://www.livius.org/articles/person/eumenes/?
[86] *Диодор Сицилийский:* Историческая библиотеки. 19.23.3 *[URL: http://simposium.ru/ru/node/962];*
[87] *Полиэн:* Стратегемы. 4.8.3 *[URL: http://www.xlegio.ru/sources/polyaenus/book-4.html]*
[88] *Прим. автора:* Стоит отметить, что это письмо было подделкой: подделывал сам Эвмен, якобы его поддерживают и Оронтиды. Письмо должно было быть подготовлено насколько близко к духу Оронтидов, что армия,

камни Арташеса *[189-160 гг. до н.э.] (основателя династии Арташесидов)*[89], объявляющего в данных же камнях эту династию продолжением прерванной династии Оронтидов) написаны на арамейском[90][91];
5) Также известно, что древнекавказские историки считали эту династию *(Аршакидов, Арташесидов, Оронтидов)* еврейскими *(семитами, потомками Авраама)*[92][93].
6) Дополнительным аргументом в пользу иудейского вероисповедания Оронтидов может быть их покровительство в Закавказье иудаизма. Напр., известно, что почти все цари из династии Арташесидов *(потомки Оронтидов)* при переносе столицы уважительно переселили почти весь еврейский слой города *(только их, больше никого!)* с собой в новую столицу, – за счет государства[94].

перед которой письмо планировалось читать, не должна была ничего заподозрить. Поэтому наряду с другими атрибутами и язык письма должен был выдать стиль, почерк Оронтидов.

[89] *Wikipedia:* Династия Арташесидов *[URL: https://en.wikipedia.org/wiki/Artaxiad_dynasty#Genealogy_of_the_Artaxiads];* Генеалогия Арташесидов *[URL: http://gugukaran.narod.ru/east_old/artashesids.html]*

[90] *Перихаиян А.Г.:* Арамейская надпись из Гарни // «Историко-филологический журнал», Ереван, 1964. № 3, стр. 123—137 *[URL: http://hpj.asj-oa.am/667/1/64-3(123).pdf]*; *Периханян А.Г.:* Арамейская надпись из Зангезура // Историко-филологич. журнал АН Арм. ССР, 1965, №4, с.107-127. *[URL: http://hpj.asj-oa.am/849/1/1965-4(107).pdf]*; *Периханян А.Г.:* Арамейская надпись на серебряной чаше из Сисиана *[URL: http://hpj.asj-oa.am/1696/1/1971-3(78).pdf]*

[91] *Аракелян Б.Н.:* Арташат I. Основные результаты раскопок в 1970-1977. // «Археологич. раскопки в Армении», № 16, Ереван, 1982. стр. 33 *[URL: http://serials.flib.sci.am/openreader/hnagitutyun_16/book/Binder1.pdf]*

[92] *Моисей Хоренаци:* История Армении. II.1 и 68 *(Цит.: «Так воцарился Аршак Храбрый из Авраамова семени, от отпрысков Кетуры, в подтверждение слова Господнего к Аврааму: "цари народов от тебя произойдут"»)*

[93] Аналогичные мысли встречаем в других древнеармянских источниках:
- *Вардан Великий:* Всеобщая История: Введение. Стр. 38 *[URL: http://www.vostlit.info/Texts/rus11/Vardan/frametext1.htm].* Цитата: *«от сына его Исаака то происходит народ Парфянский, из среды которого (возник) Аршак Храбрый»]*
- *Иованнес Драсханакертци:* История Армении. Гл. IV *[URL: http://www.vostlit.info/Texts/rus/Drash/frametext1.htm].* Цитата: *«Аршак Храбрый из поколения Авраама от Хеттуры»*

[94] *Циклопедия [URL: http://cyclowiki.org]:* Арташес I и евреи // Евреи в Армавире и Ервандакерте // Евреи в Арташате // Евреи в Вагаршапате

Итак, проведем логическую цепочку: возможно, Гидарн был выходцем из племени Оронт *(из территории совр. Ирака)*, а это племя, в свою очередь, должно было прийти сюда с берегов реки Оронта *(Эрец-Исраэль)* во времена Ассирии, что и соответствует книге Есфири. Именно поэтому Ахеменидские цари поручили Оронтидам правление именно Закавказьем, т.к. труднохарактерный еврейский народ *(закавказские армяне)* не допустил бы власть над собой кого-нибудь, кроме евреев. Даже если бы Гидарн не был бы выходцем из племени Оронт, или же родом с берегов реки Оронта – соответствия 1, 4, 5 пунктов достаточно было бы, чтобы отнести Тиссаферна и его род к иудеям. Книга Эстер является седьмым аргументом в пользу их иудейского происхождения.

5. *Он был одним из Вавилонских пленников?*

> *В „кн. Есфири"*: Мардохей был «сыном Иаиров, Семеев, Кисеев, из колена Вениаминова» [1:0 a; 2:5]. «Он был из пленников, которых Навуходоносор, царь Вавилонский, взял в плен из Иерусалима с Иехониею, царем Иудейским» [1:0 c]

В истории: Несмотря на то, что этот нюанс не имеет особого значения, мы вынуждены комментировать его для определения происхождения будущих Оронтидов, а также происхождения самих Эстер и Мардохея.

В этой части ставится вопрос об их принадлежности к конкретному колену внутри иудейского рода и заявляется, что они были «из колена Вениаминова». Но, как уже заметили исследователи[95], это определение рода может не соответствовать истине и быть литературным приемом, чтобы придать повести сакральный смысл. Так, поскольку Аман с первого раза объявляется из рода амалекитян, то Мардохей приписывается к тому

---

[95] Ст. «Есфирь» в ЭЕЭ *[URL: http://www.eleven.co.il/article/15120]*

колену, цари которого *(Саул)* победили царей амалекитян *(Агата)*[96].

Но в действительности Тиссаферн и вся династия Оронтидов должны быть из числа ассирийских плен, а не Вавилонских.

Так, несмотря на то, что число уведенных Вавилоном пленных из Палестины *(10-15 тыс.)* уступает Ассирийским *($¼$ млн.)* в 10-20 раз, но в древности всех еврейских переселенцев связывали с именем Навуходоносора как общего собирательного образа, поскольку память о Вавилонском пленении была еще свежа, а также ассирийские пленные именно тогда очнулись от пережитого ими шока и активизировались в местностях.

Несмотря на то, что после известного «Указа Кира II» количество возвращающихся в Палестин евреев превышало число уведённых Навуходоносором пленных в несколько раз, почему-то этот факт засчитывают в пользу того, что, значит, Навуходоносором было уведено не 10-15 тыс., а в десятки раз больше пленных, и эта часть не была учтена нигде.

Несмотря на то, что места, куда переселила Ассирия еврейских пленных[прим. 97], открыто указаны в Библии[98] *(Гозан*[99] *– совр. Тель-Халаф; Халах – совр. Нимруд; Хавор – притоки*[100] *Евфрата и Тигра; и "за рекою*

---

[96] См.: *Циклопедия:* Война Саула с амалекитянами *[URL: http://cyclowiki.org/wiki/Война_Саула_с_амалекитянами]*

[97] *Прим. автора:* Не стоит забывать, что «ассирийские пленные» не были «чистыми» евреями в совр. смысле. Т.е. не следует искать в них все черты совр. иудаизма. В том смысле, что сам иудаизм до VIII в. до н.э. был не в таком облике, который мы знаем сегодня. Это было ответвление от еще не окрепшего иудаизма, обретшего в дальнейшем иную жизнь, иную судьбу. Напр., известно, что до религиозной реформы царя Иосии [640-609 до н.э.] древние евреи – в т.ч. и уведенные Ассирией – почитали, кроме Яхвы, и разных богов *["Баалов и Астарт"]*. См. также лит.: 5; 6

[98] 4 Цар. 17:6; 4 Цар. 18:11; 1 Пар. 5:26.

[99] Был до этого столицей арамейского царства Бит-Бахиани *[en.wikipedia:Bit_Bahiani]*. – автор

[100] *Wikipedia:* Река Хабур *[URL: https://en.wikipedia.org/wiki/Khabur_River]*

Самбатион"[101] – Субнат[102][103] (на истоке[104][105] которого были найдены десятки надписей[106] Тиглатпаласара I[107] и Салманасара III[108][109]), и эти местности позже превращались в важные еврейские центры *(Адиабена[115], Осроена[116], Закавказье [см. здесь стр. 30])*, но почему-то ассирийских пленных по сей день ищут где-то в Африке, Средней Азии, и даже в Америке *(ведь есть же простая логика, что ассирийцы не могли депортировать их за периметры своего государства, т.к. никто не пропустил бы столь огромное количество людей через свои территории, тем более что часть из них – конвои – была вооружена)*.

8. *"Народом Мардохея" было население Закавказья*

> *Из толкования Лопухина:* «Имя народа, осужденного на истребление, в указе прямо не называется: однако о нем легко догадаться уже по характеристике его в указе *(прямо он обозначается в Есф. 3:6, 10, 4:3)*. Для тех, кто получал этот указ к сведению и исполнению, имя народа – надо полагать – было названо и прямо, в каких-либо дополнительных инструкциях, а может быть, и в самом указе, настоящем, подлинном»[110].

---

[101] Вавилонский Талмуд: Лист 65б; Иерусалим. Талмуд: *Санхедрин 10*; Псевдо-Ионатановский Таргум: Исх. 34:10; а также III Кн. Эзры 13:40-46.

[102] Из анналов Тукульти-Нинурты II *(889—884 гг. до н. э.)*. ВДИ №2 1951. [URL: http://annales.info/urartu/avi/022.htm#_ftnref8]

[103] Из «стандартной надписи» Ашшурнасирапала II *(884-859 гг. до н. э.)*. АВИИУ I, № 24 [URL: http://annales.info/urartu/avi/024.htm#_ftn4]

[104] *Wikipedia:* Туннели Тигра [URL: https://en.wikipedia.org/wiki/Tigris_tunnel]

[105] *Youtube:* Туннели Тигра [URL: https://youtu.be/83Wg2C0HtGg]

[106] *Andreas Schachner:* Birkleyn mağaraları (Decle tuneli): Yuzey araştırması [URL: https://books.google.ru/books?id=gdjbDgAAQBAJ&pg=PA367]

[107] Надпись Тиглатпаласара I у устья естеств. туннеля реки Тигра вблизи от его истока // ВДИ. №2. 1951 [http://annales.info/urartu/avi/016.htm]

[108] Из наскальной надписи Салманасара III у входа в туннель у истоков реки Тигра // Вавилонский лит. диалект аккадского. C. F. Lehmann-Haupt, Materialien, стр. 33; ср. стр. 40 [URL: http://annales.info/urartu/avi/032.htm]

[109] Из второй надписи Салманасара III в том же месте // C. F. Lehmann-Haupt, Materialien, стр. 37; ср. стр. 42 [URL: http://annales.info/urartu/avi/033.htm]

[110] *Лопухин:* Толкование Есф. 3:13 g [URL: https://azbyka.ru/otechnik/-Lopuhin/tolkovaja_biblija_20/3#sel=41:1,41:63]

Наш комментарий: О том, что управляемые Тиссаферном и его родственниками территории[111], т.е. Верхняя Месопотамия и западное Закавказье *(именуемое тогда Арминией. См. сноску № 259)*, были в то время еврейским регионом, написаны сотни статей. Особо важные моменты из них излагаем ниже:

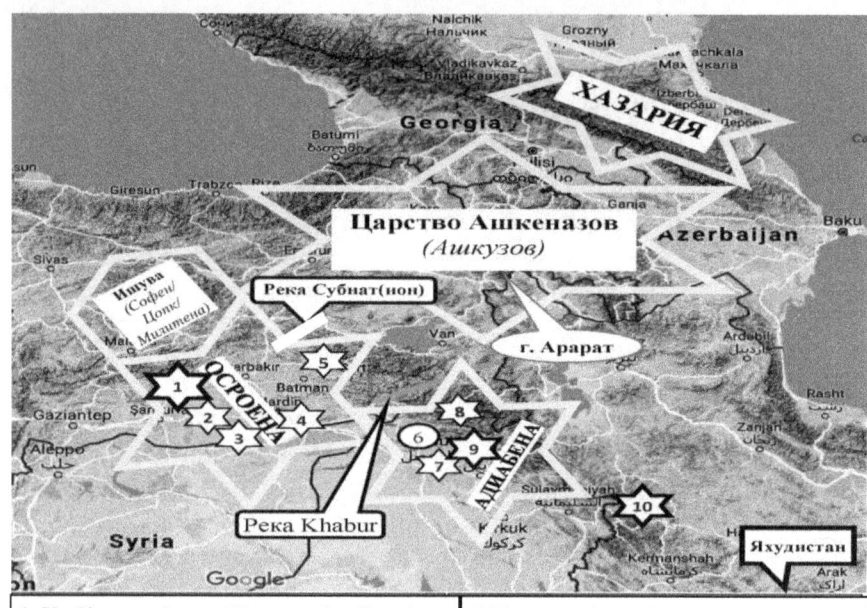

1. Ур-Касдим *(совр. Шанльıурфа, Турц.)*	6. Ниневия *(совр. Мосул)*
2. Харран *(Карра)*	7. Халах *(Kalkhu/Calah/совр. Нимруд)*
3. Нисибис *(сов. Нусайбин)*	8. Нехардеа *(совр. Дахуг, Ирак)*
4. Гозан *(совр. Тель-Халаф)*	9. Эрбиль *(столица Адиабены)*
5.Тигранакерт *(былая столица Бит-Замани)*	10. Персида *(родина Ахеменидов)*

Еврейская карта Верхн. Месопатамии и Закавказья в древности

Верхняя Месопатамия *(Арвастан, Аль-Джазира)* извечно считалась родиной арамеев *(Aram-Naharaim, Bit-Zamani, Bit Bahiani, Nasibin[120], Izalla и др. См.[112])*, и евреев *(Эдем, Paddan-Aram: Ур-Касдим, Харран, и другие, См.[113])*. В том, что Верхняя Месопотамия

---

[111] Несмотря, что при Дарий II эти области были отняты с рук Гидарнидов, но до и после него эти области были наследственными их владениями.

[112] *Wikipedia:* Арамейские королевства древности [URL: https://upload.wikimedia.org/wikipedia/commons/c/cc/Aramean_states.png]

[113] *JVL*: Месопотамия [http://www.jewishvirtuallibrary.org/paddan-aram]

действительно в древности была еврейским регионом, можно убедиться, ознакомившись с еврейской историей совр. Ирака, Сирии и Юга Турции в любых еврейских энциклопедиях[114][115][116][117]. При Ахеменидах в них стекались собранные с территории всей Верхней Месопатамии огромные налоговые суммы для Иерусалимского храма, для перевозки которых в Иерусалим ежемесячно требовались вооруженные инкассаторские кортежи[118] *(откуда в таких далеких от Палестины местах было столько евреев?!)*. На обеих территориях были задействованы прославленные еврейские школы: Академия Самуэля, Школа Иуда бен-Батира и др.[119]. А в начале н.э. т.н. II Иудейская война *(война Квиета)* началась именно с этих территорий, где еврейская армия два года противостояла огромной римской армии, и наконец Рим покорил *(115 г.)* эти регионы, «*покрыв развалины Низибиса и Эдессы трупами евреев*»[117][120][121]. А до этого эти регионы были прославлены в еврейском мире с еврейскими королями Адиабены[122] и еврейским царством братьев Анилая и Асиная[123] на территории Ирака. Иосиф Флавий неоднократно пишет об этих регионах как

---

[114] *Циклопедия*:Списки:Исторические еврейские центры на территории Месопотамии // *Циклопедия*: Еврейский экзилархат в Вавилонии
[115] *Циклопедия:* Категория:Адиабена
[116] *Циклопедия:* Осроена // Эдесса // Харран // Низибис //
[117] См в *Циклопедии* *[http://cyclowiki.org]:* Война Квиета [115-118 гг.]; Битва за Эдессу *(война Квиета) [116 г]*; Битва за Низибис *(война Квиета) [115 г]*; Битва за Адиабены *(Война Траяна за Адиабена) [116 г]*; Восстание Бар-Кохбы *[132-136 гг.]*; Осада Нагардеи *[259 г]*.
[118] Статья «*Храм*» в ЭЭЭ *[URL: http://www.eleven.co.il/article/14561]*
[119] См: *Wikipedia*: Talmudic Academies in Babylonia; // *Циклопедия*: Еврейские Академии Вавилонии
[120] NISIBIS *(Greek, Νίσιβις; Hebrew, נציבי)* – Jewish Encyclopedia *[URL: http://www.jewishencyclopedia.com/articles/11555-nisibis]*
[121] *Андрей Зелев:* Вторая Иудейская война: Война Квиета *[URL: http://www.jhist.org/code/kviet_00.htm]*
[122] Еврейские Короли Адиабаны // КЕЭ, том 1, кол. 53. 1976 [URL: http://eleven.co.il/article/10080]
[123] *Циклопедия:* Княжество Асиная и Анилая // Восстание Асиная и Анилая

о еврейских[314][315], причем имеющих свои еврейские вооруженные гарнизоны[124].

Арамейская история Закавказья

Стоит отметить, что все известные языки досемитского Ближн. Востока и Закавказье были агглютинативными: *шумерский, эламский, касситский, хуррито-урартский* и др. Начиная с XXIV в. до н.э. агглютинативноязычные народности сначала были прижаты семитами на Загрос, а в дальнейшем на Кавказские горы и, вообще, были разбросаны по обеим берегам Каспийского моря по евразийской степи *(см. также здесь стр. 108, сноска 428)*.

Основное ядро распространения агглютинативных языков сегодня. Где исток? (Все др. аггл. языки являются производными от этих)

Оттеснение 3-4 тыс. лет назад семитами агглютинативноязычных народностей не только из Передней Азии, а также из Закавказья признается почти всеми авторами. Напр., армянский ученый, докт. филол. наук, проф. инст. Востоковедения НАН Армении Мкртчян Нерсес Альбертович так характеризирует этот процесс:

«Началом армяно-арамейских контактов г. Джаукян считает VI в. до н.э., ОШИБОЧНЫМ. Ведь мощный поток арамейских племен давно поглотил местное население – хурритов,

---

[124] *Иосиф Флавий:* Иудейские древности. XVIII.9.9. [URL: https://azbyka.ru/otechnik/Istorija_Tserkvi/iudeiskie_drevnosti/18_9]. Цитата: *«многие иудеи ушли в Наарду и в Низибис из-за безопасности в этих городах и руководствуясь тем, что там была сосредоточена масса воинов. Таково было положение вавилонских евреев»*

хеттов, армян, которые общались на разговорном арамейском языке. С этой поры арамейский стал письменным языком»[125].

О том, что население и древн. зап. Закавказья было семитским, написаны сотни работ[прим. 126]. Например:

«От равнин Месопотамии до Чёрного моря, таким образом, расстилалась когда-то родственная зона, согласно свидетельству Страбона о том, что в древности имя сирийцев простиралось до Вавилонии, вплоть до Эвксинского моря *(Чёрное море. – прим.)*. Следуя отчасти Страбону, назовем сирийский, или семитский мир арамейским. На основании древних сведений великий географ в этот мир включает также армян, вопреки Геродоту, по которому армяне выходцы из Фригии. По поводу упоминаемого у Гомера народа ἐρέμβοί существовал спор у древних. Страбон стоит за мнение Посейдона: лучше всех, кажется, говорит географ, объясняет Посейдон, исходя от родства и общения народов. Ведь армянские, сирийские и арабские народы обнаруживают большое племенное родство по языку, образу жизни и по чертам лица, особенно же в тех местах, где они живут по соседству *[прим.: Strab. I.2.34]*. Известно, что Месопотамия состоит из этих трех народностей, и здесь-то нагляднее выступает их сходство. Если по климатическим условиям происходит некоторая разница, в особенности между северянами и южанами, а также ими обоими и теми, кто живут посредине их, то общие черты все-таки, преобладают! Ассирийцы и Арианы также близки к указанным народам и друг к другу. Кажется, что и названия этих народов сходны между собою; кого мы называем сирийцами, они у **самих сирийцев именуются армянами и арамеями**: на это имя похоже имя армян, арабов и еремнбов *[прим.: Strab. I.2.34]*. Возвращаясь к тому же вопросу в конце своего труда *[прим.: Strab.: XVI.4.27.]*,

---

[125] *Н. Мкртчян:* «Семитские языки и армянский», Ереван, 2005). [http://elibrary.ru/item.asp?id=20071331] // Цитируется. по: «Кто мы – армяне или арамейцы?» [http://novarm.narod.ru/arch092006/aram.htm]

[126] *Прим. автора:* Хотя широкая распространённость иудаизма в дохристианском Закавказье принимается почти всеми авторами безоговорочно, но источник его распространения остается дискуссионным. Напр., некоторые раннесредневековые армянские авторы полагают, что их привез сюда Тигран Великий при военном походе в Иерусалим как военнопленных, тогда как ни в каких древних источниках военные походы Тиграна в Иудею не отражены [3], тем более что в его времена Иудея входила в сферу влияния Рима. Некоторые же исследователи считают это результатом прозелитизма, но вопрос «почему именно в Закавказье?» остается без ответа.

географ вновь повторяет высказанное мнение, что три народа, живя в соседстве, обнаруживают родство между собою и называются сходными именами: <u>один – армянами, другой – арамеями, а третий – арамбами</u>. Точно один народ распался на три сообразно климатическим условиям. Из этого указания видно, что древние находили <u>общее у армян с сирийцами и с арабами; оно выражалось не только во внешности и в образе жизни, но и в языке</u>. Сходство было поразительно особенно в местностях смежного заселения их. Этимологические сближения Посейдона основаны на реальных данных жизни, на общности и сходстве сравниваемых народов, а не наоборот, т. е. автор не искажает действительность в угоду этимологии. Категорическое заявление, что Посейдон в своих объяснениях исходил из племенного родства и общения, очень важно»[127]. *Н.Г.Адонц*

Эти мысли Посейдона и Страбона совпадают с сообщениями древнекавказских[183-191] и древнегреческих *(написавших о халибах – см. здесь стр. 36)* авторов.

Часть семитских народностей были переселены сюда государствами-оккупантами для упрочения своей власти на вновь приобретенных территориях, в рамках политики колонизации *(в виде военных гарнизонов, руководителей, налогосборщиков, или же каторжников)*, *часть* – как военнопленных, уведенных из новозахваченных территорий и рассыпанных по всей периферии империи, *а часть* – возможно, сами прибегали сюда, спасаясь от длительных военных операций на их родине, как беженцы. А в дальнейшем они, как привилегированный слой своего государства *(родственным к элите)*, ассимилировали или же каким-то образом притеснили всех неарамеязычных населений из этих областей на север и восточные области. Ксенофонт сообщает, что в его время в Закавказье даже в отдаленных уголках разговаривали на арамейском[128].

---

[127] *Адонц Н. Г.*: Армения в Эпоху Юстиниана. // Ереван, 1971. стр. 396-397 [URL: https://books.google.com/books? id=1i_YDQAAQBAJ&pg=PA396]
[128] *Ксенофонт*: Анабасис. IV.5.10, и IV.5.34. <u>Прим.</u>: *В то время под «персидским языком» подразумевали именно «арамейскую» – автор.*

А арамеи вообще всегда ассоциировались с евреями. Так описывает Евсафий Кесарийский переплетение евреев с арамеями:

«Тот факт, что **еврейский народ происходит от халдеев** – был ясно показан, так как Авраам был халдеем и его предки населяли эту страну. Кроме того, Моисеевы писания подтверждают это [в следующем отрывке: Бытие: 11.31]: *"И взял Фарра Авраама, сына своего, и Лота, сына Аранова, внука своего, и Сару, невестку свою, жену Аврама, сына своего, и вышел с ними из земли Халдейской"*. Таким образом, логично, что история еврейской древности следует нашему толкованию халдейской истории»[129].

А Филон Александрийский *(25 г. до н.э. – 50 г. н.э.)* вообще не различает иудеев от халдеев[130]. О синонимичности арамейского языка с еврейским в древности см. также: *Wikipedia: Еврейско-арамейские языки.*

Следы евреев по сей день наблюдаются по всему Закавказью в топонимах, ойконимах, гидронимах, оронимах – напр., Амасия *(распространенный ойконим в Закавказье*[131] *и имя Библейского персонажа*[132]*)*; Нимруд-даг *(гора в совр. Турции и имя Библейского персонажа)*; Арцах *(древнее название Нагорного Карабаха. На иврите означает: «гора с приятным / свежим воздухом»*[133]*)*; Масис *(распространенный ороним в Закавказье*[134]*; по-арамейски означает «самый большой»* [135]*)*; Ганзак *(распространенный ойконим в древности*

---

[129] *Евсафий Кесарейский:* Еврейская Хронология *[URL: http://simposium.ru/ru/node/10532#_ftnref1]*

[130] *Филон Александрийский (Иудейский):* Пасхальная Хроника *[URL: http://www.vostlit.info/Texts/rus16/Pasch_chr_2/primtext.phtml#10]. Прим. №10. «Филон под названием халдей подразумевает иудеев»*

[131] *Wikipedia:* Амасия *[URL: https://ru.wikipedia.org/wiki/Амасия]*

[132] *Н. Глубоковский.* Библейский словарь: Амасия *[URL: http://vboge.com/dict/glubokovskij/a/amasiya/]*

[133] Перевод «Har+Tsakh»а с иврита: *https://translate.google.com/?#iw/ru/הר+צח*

[134] *Wikipedia:* Масис *[https://ru.wikipedia.org/wiki/Масис]*

[135] *Э.В. Рунг, В.П. Орлов:* Имя "Масист" в истории Ахеменидской империи *[URL: pifk.magtu.ru/doc/2016/2/83-91.pdf]*

в регионе[136]*; по-арамейски означает «место хранения казни»)* Ар[р]ан *(географический регион в совр. Азербайджане*[137] *и имя Библейского персонажа*[138][139]*);* Азар+Байджан *(«Азар» был названием города в юго-западной части Закавказье [VIII-I в. до н.э.]*[140][141][142] [143][144][145]*, потом область там же [I-V век н.э.]*[146] *и, наконец, начиная с X века н.э. в летописях встречается как составная часть топонима Āzarbādagān*[147] */ Āzarbāy(e)jan*[148] */ Азербайджан*[149]*; В Еврейской Библии именем «Азар», или «Азария», обозначаются по крайней мере 27 лиц*[150]*);* Армения *(название государства Манны [аккад. Mannai], просуществовавшего в Закавказье в X-VII вв. до н.э. – в Библии употребляется как*

---

[136] *Wikipedia:* Ганзак *[https://ru.wikipedia.org/wiki/Ганзак]*
[137] *Wikipedia:* Аран *[URL: https://en.wikipedia.org/wiki/Arran_(Caucasus)]*
[138] *Н. Глубоковский.* Библейский словарь: Аран *[URL: http://vboge.-com/dict/glubokovskij/a/aran/]*
[139] *Wikipedia:* Приц Арран *[URL: https://en.wikipedia.org/wiki/Prince_Arran]*
[140] Города древней Ассирии *[URL: http://aina.org/maps/amindex.htm]*
[141] *Takayoshi Oshima:* Babylonian Prayers to Marduk. pp. 148, 149, 162. *[https://books.google.com/books?id=HQZM5Q3eKAQC&pg=PA149&dq="a-za-ri"]*
[142] *Страбон:* География. XI.14.3
[143] *ORACC:* A-za-ri *[URL: http://oracc.museum.upenn.edu/saao/saa19/qpn?-xis=qpn.r00060]*
[144] *Клавдий Птоломей:* География. Карта Азии II:
▶ V.9.3. Город Азара: 68°30'-51°20'; ▶ и V.9.26. Город Азараба: 70°-50°30 *[URL: http://www.ruistor.ru/istochniki_ant_031_2.html]*
[145] Примечательным является тот факт, что одним из племен города Азар *(VIII в. до н.э.)* было племя Туруки [о них см. лит.: 49]. – *автор.*
[146] *Страбон:* География. XVI.1.18
[147] *Ираник:* Āzarbādagān *[http://www.iranicaonline.org/articles/azarbadagan]*
[148] *Ираник:* Āzarbāy(e)jan *[http://www.iranicaonline.org/articles/azarbayejan]*
[149] Термин «Азербайджан» в ранних источниках:
 • Аль-Куфи *(?-926 гг.):* "Китаб уль-Футух" *("Книга завоеваний") [http://vostlit.info/Texts/rus/Kufi/frametext1.htm]*; ▶ См. также к коммент. к этой книге: *http://www.rizvanhuseynov.com/2011/08/vii-x.html*
 • Рашид-ад-Дин: *(1247-1318 гг.):* Джами-ат-Тавaрих *(Сборник летописей) [http://www.vostlit.info/Texts/rus16/Rasidaddin_2/kniga2/frametext5.html]*
 • Ибн Касир *(1302-1373 гг.):* Кисас аль-анбийа *(Рассказы о пророках)* Стр. 476 *[URL: https://d1.islamhouse.com/data/ru/ih_books/single/ru_rasskazy_o_prorokah.pdf]*
[150] *Библейская энциклопедия архимандрита Никифора:* Азария *[URL: http://superbook.org/DICTIONARY/NIK/A/147.htm]*

«Минни». А "Har Minni" ("Har Mannai") – как нагорная часть Минни. На арамейской Библии термин «Минни» употребляется как «Арминни»); Нахарар / нахарай (княжеские роды в древнем Закавказье[151] и должность военачальника в древнем Израиле[152]) и т.д. Относительно сильной распространенности иудаизма в дохристианском Закавказье написаны сотни статей[153][154][180]. Если в укоренении еврейского этноса на западном Закавказье *(на севере Месопатамии)* роль фундамента сыграли евреи-лунопоклонники[155][156][157] *(поклонники Лусина[158][159], т.е. Askaenos-ы,* не иудизированные останки которых остались даже до н.э. в недосягаемых западных перифериях Закавказья – в Антиохии Писидийской)[160] – потомки родственников Авраама *(основоположники Хаяссы?),* оставшиеся в Ур-Касдиме *(совр. Шанлыурфе)* и Харране после откачивания его отсюда в Египет; то вторичную – рещающую роль сыграли именно ассирийские плены, которых выслали

---

[151] *Wikipedia:* Нахарар [URL: https://ru.wikipedia.org/wiki/Нахарар].
[152] *Циклопедия:* Нахарай [URL: http://cyclowiki.org/wiki/Нахарай]
[153] *Рауф Гусейнов:* Иудаизм на Кавказе // «Кавказ & Глобализация». 2008. т.2. Вып. 3. Стр. 194-204 [https://books.google.com/books?id=DqXcDQA-AQBAJ]; // *Фарзалиев Солтан:* Распространение иудаизма на Кавказе: Историч. очерк. // «CA & CC Press ®». Т.2. Вып. 4. 2008. Стр. 168-178. [URL: http://www.ca-c.org/c-g/2008/journal_rus/c-g-4/14.shtml]; и др.
[154] Армяне и евреи. Ч. 2. [URL: http://chernovik.livejournal.com/12674.html]
[155] См.: Иисус Навин: 24:2-3
[156] Авраам и идолопоклонство [http://www.triradosti.ru/index.php/voprosy-i-otvety/1440-avraam-i-idolopoklonstvo]
[157] Храм Луны в Харране (Каррах) [URL: https://www.google.ru/search?q=%22храм+Луны+в+Харране%22]
[158] См.: *Wikipedia:* Син (мифология) // Лусин // Nanna-Suen // Энхедуанна // Kušuḫ
[159] *Владимир Г.Б.:* Чудеса Ветх. Завета и их научное объяснение. стр. 35. [https://books.google.ru/books?id=RctjAgAAQBAJ&pg=PT35&lpg=PT35]
[160] Относительно бога Mên Askaenos, о различных предложениях, касающихся его истоков и культа, см.: *Labarre, G.* 2009: 'Les origines et la diffusion du culte de Men'. In Bru, H., F. Kirbihler, F. and Lebreton, S. (eds.), *L'Asie mineure dans l'Antiquité: Échanges, populations et territoires* (Actes du colloque de Tours, 21–22 octobre 2005) (Rennes), 389–414.

сюда ассирийские цари в 740-701 гг. до н.э. для использования в сражениях с Миттани *(раньше: Ханигальбат, позже: Арам-Нахарин[161])* и Урарту *(с которыми Ассирия в тот период вела ожесточённые бои[162])*, внушая им: «Идите и освободите ваших соплеменников и могилу ваших предков *(в Эдеме: Ур-Касдиме, Харране, Ишуве,..)* от ига идолопоклонников!» и которые действительно изменили ход сражений в пользу Ассирии, и потом *(≈ в 670 г. до н.э. – через 20-30 лет после последнего ассирийского плена)*, восстав против нее, образовали здесь свое суверенное иудейское царство – царство Ашк^н∫^узов[163][164][165][*прим. 166*] на завоеванной их же силами территориях *(на территории Урарту, со столицей Ганзак[167] – совр. Гянджа, Азербайджан)*. Постепенно под влиянием ассирийских плен все восточные *Askaenos-ы* иудизировались.

Третья волна – переселение евреев в регион – связана с именем Артаксеркса III, который после подавления восстания евреев и финикийцев в 340 г. до н.э., переселил значительную часть населения региона в северные области империи[168].

Древнегреческие историки называли всех древнекавказских *(от Арарата до Анатолии)* арамеев общим собирательным этнонимом *(названием)* "халибы"[169]

---

[161] *Wikipedia:* Нахарин *[URL: https://en.wikipedia.org/wiki/Naharin]*
[162] *Wikipedia:* Урарту-Ассирийские война: VIII в. до н.э. *[URL: https://ru.wikipedia.org/wiki/Урарту-ассирийская_война]*
[163] *Wikipedia*: Ишкуза [URL: https://ru.wikipedia.org/wiki/Ишкуза]
[164] *Wikipedia:* Ашкенази *[URL: https://en.wikipedia.org/wiki/Ashkenaz]*
[165] *Еврейские энциклопедии:* Ашкенази *[http://www.jewishvirtuallibrary.org/ashkenaz]*; Ашкенази *[URL: http://www.ejwiki.org/wiki/Ашкеназ]*
[166] Которых пророк Иеремия призвал на помощь [см.: сноска 193] при нашествии Вавилона. – *автор.*
[167] Этимологизируется с арамейского как «сокровищница». См.: статья Ганзак *в Иранике* [URL: http://www.iranicaonline.org/articles/ganzak-]
[168] *Циклопедия*: Битва при Эздрелонской долине; // *Циклопедия*: Восстание финикийцев и евреев против Артаксеркса III
[169] См.: *ru:Wikipedia*: Халибы. Раздел: Литература

[170] *(т.е. халабцы*[171]*)*, "алопы"[172] *(т.е. из Алеппо)*, или же просто "халдеи"[173][*прим. 174*], которые все трое тождественны по смыслу и означают «сирийцы»[*прим. 175*] [*прим. 176*]. «Кн. Юбилеев» (гл. 8) и древнезакавказские историки[183-189] считали древних армян потомками Иафета и Авраама *(через него и Арама*[177]*, сына Сима)*.

Моисей Каланкатуаци (VII в.) подтверждает, что дохристианские армяне совершали обрезание[178]; Егише (VI век) сообщает[179], что дохристианские армяне праздновали *шабатнамут* – субботу; дохристианские армяне носили еврейские имена *(Абраам, [И]Саак,*

---

[170] Также см.: ХАЛИБЫ *(CHALYBES)* // Любкер. Реальный словарь классич. терминов *[http://ancientrome.ru/dictio/article.htm?a=369822410]*

[171] *Прим. автора:* «Халаб» есть другое название г. Алеппо *(Сирия)*. Сегодня на азерб., турец., узбек., перс., арамей., греч., лат., китай., чех., курд., босний., латыш., албан., белорус., африкан., буряд., и др. языках этот город так и называется – Халаб.

[172] *Страбон:* География. XII.3.21.

[173] *Страбон:* География. XII.3.19

[174] *Прим. автора:* Чтобы отличить закавказских халдеев от вавилонских, некоторые совр. ученые [7] применяют по отн. к первым термины «припонтийские халдеи» или же «халды», тогда как, кроме географич. различия, между ними никакие иные различия не выявляют, и первоисточники (см. сноску [169]) тоже их не различали.

[175] *Прим. автора:* Четвертым их идентификатором *(кроме перечисленных синонимичных названий)*, также связывающим их с Сирией, является то, что древние греки считали этих халибов также и металлургами [лит.: 8, 9]. Ведь в древности Сирия прославилась производством нержавеющей стали, известной как «сирийская сталь», от которой и берет свою этимологию на греческом языке сталь – «халибус»!

[176] *Прим. автора:* В древности армяне, арамеяне, армены, арамеи, сирийцы, ассирийцы, ассуры, айсоры, ашшуры (aššur), финикийцы, халдеи, халибы, ахламеи, сутии, амореи, амориты и др. – все они означали один и тот же народ, отличающийся друг от друга мелкими идентифицирующими признаками. Напр., *халибы/сирийцы* разговаривали на ассирийском диалекте древне-аккадского языка, а *халдеи* – на вавилонском его диалекте. И все они вместе полностью отличаются от совр. армянского языка, который является производным от прото-греческого языка (см. лит.: 1).

[177] Арам *[URL: https://drevo-info.ru/articles/21449.html]*

[178] *Моисей Каланкатуаци:* История Албании. Кн.3.14 *[Цитата: "А те, кто обратился в [христианство] из [числа* **обрезанных**, *[Рождество] повсюду празднуют шестого января..."]*

[179] *Google.com:* "шабатнамут" *[https://www.google.ru/search?q=шабатнамут]*

Давид, Иоанн, Моисей, Даниил, Илия[прим. 180]...). Доминантность еврейского этноса в дохристианском Закавказье подтверждают и события последующих лет: так, от уведенных в IV в. сасанидами из Армении более 150 тыс. пленных половина были арамеянами, а половина евреями[181]. В раннехристианских архитектурных памятниках в Закавказье они оставили множество следов от своего вероисповедания *(орнаменты в виде гексаграммы, пирамиды, всевидящее око и т.п.)*[182]. О доминантности иудаизма и еврейского этноса в дохристианском Закавказье сообщают очень многие древнезакавказские *(албанские, грузинские, армянск. и др.)*[183][184][185][186][187][188][189][190][191]

---

[180] *Прим. автора:* Последние трое, кроме тысяч людей в древней Армении, были также именами сыновей последнего Аршакидского царя Армении – Санесана *(Моисей Каланкатуаци: История Албании. II.5)*, которого казнил греческий узурпатор "Хосров" III Котак – сын лже-Аршакида "Трдата" III, выдающего себя за несуществующего сына некоего давно (в 252 г.) умершего армянского царя.

[181] *Циклопедия:* Выселение евреев и армян из Армении Шапуром II

[182] Гексаграммы в Армении *[URL: http://www.peopleofar.com/2012/01/14/the-six-pointed-star-of-armenia/].* См. также: *[URL: http://aptukkaev.livejournal.com/4773521.html]*

[183] *Моисей Каланкатуаци:* История Албании. I.2: Родословная Иафета и его потомков *[http://www.vostlit.info/Texts/rus5/Kalank/frametext11.htm]*

[184] *Мхитар Айриванкский (Айриванеци):* Хронографическая История *[URL: http://www.vostlit.info/Texts/rus11/Mhitar/frametext1.htm]*

[185] *Вардан Великий:* Всеобщая История: *Введение.* Стр. 38 *[URL: http://www.vostlit.info/Texts/rus11/Vardan/frametext1.htm].* *(Цитата: «Многодетный отец, великий Авраам, стал для народа нашего и по плоти, и по духу отцем славным»)*

[186] *Сумбат Давитис-дзе (XI в.):* История и повествование о Багратонианах царях наших Грузинских. Стр. 372-374 *[URL: http://www.vostlit.info/Texts/rus5/Davitisdze/frametext.htm]*

[187] *Леонти Мровели:* Жизнь Картлийских Царей. Гл. I. стр. 13-15 *[URL: https://books.google.com/books?id=pDa_DQAAQBAJ&pg=PA13]*

[188] *Себеос:* История императора Иракла. Отдел I. *[URL: http://www.vehi.net/istoriya/armenia/sebeos/01.html]*

[189] *Давид Багратиони:* История Грузии. § 2, § 6, § 7 *[URL: http://www.vostlit.info/Texts/rus11/Bagrationi/frametext1.htm]*

[190] *Иованнес Драсханакертци:* История Армении. Гл. 1-2. *[URL: http://www.vostlit.info/Texts/rus/Drash/frametext1.htm]*

[191] *Моисей Хоренаци:* История Армении. Гл.I.19

и посторонние[216][217][220][221] источники; Еврейская Библия считает дохристианское Закавказье еврейским регионом[192][193]; найденные при раскопках этих территорий все надписи с античных времен сделаны на арамейском[90][91] *(на сегодняшнем армянском [вернее, протоармянском – напр. на грабаре] не найдена ни одна надпись)*; Достаточно заглянуть на списки древнеармянских княжеских (нахарарских) родов[194][195][196]: все, кто названы там хайкидами *(такого этноса вообще нет в мире)* – все это останки ассирийских плен, т.к. по-еврейски «хай» (*"Khay"*) означает «выживший»[197] *(вероятнее всего, со всех этих катаклизмов: Ассиро-Иудейской, Ассирио-Миттанский, Ассирио-Урартской войны, и Ассирийского плена, или, может, еще прежних)*. Другие евреи *(роды Багратуни, Гнтуни, Аршакуни, Аматуни и др.)* были из родов поздних переселенцев. Самая высокая придворная должность в древней Армении – Аспет-тагадир *(венценалагатель)* принадлежала именно этим вторым евреям[198].

Известный арменовед и переводчик древнеармянских книг на русский язык Мкртыч Эмин в своей книге *«Очерк религии языческих армян» (1864)* утверждает, что мифология древних армян был западносемитский *(ханаанский)*[199]. Существует такое же исследование с

---

[192] *Wikipedia:* Фогарма *[https://en.wikipedia.org/wiki/Togarmah]*.
[193] Иерем.: 51:27, и комментарии Лопухина к Быт. 10:3 *[http://www.godrules.net/para7/gen/pararusgen10-3.htm#lopukhin01-10-3]*
[194] *Wikipedia:* Гахнамак *[URL: https://ru.wikipedia.org/wiki/Гахнамак]*
[195] *Wikipedia:* Зоранамак *[URL: https://ru.wikipedia.org/wiki/Зоранамак]*
[196] *Wikipedia:* Армянское Дворянство. Раздел: *Список армянских княжеских династии поздней античности]*
[197] Перевод слова *"Khay"* с иврита см.: https://ru.glosbe.com/he/ru/חי или http://context.reverso.net/перевод/иврит-русский/חי
[198] *Wikipedia:* Аспет-венценалагатель *[https://ru.wikipedia.org/wiki/Тагадир]*; см. о нем более подробно: лит. 39, стр. 632
[199] *Эмин М.:* Очерк религии и верований языческих армян. *Прилож. 14* [URL: http://www.vostlit.info/Texts/rus17/Asohik/pril2.phtml?id=12501]

аналогичными результатами и для другой древнекавказской народности: для древнегрузинской мифологии[200].

Оккупация Армении Римом в 287 г.

В 287 году Рим с помощью некоторых политических приемов внедрял в госструктуру Армении *(с поддельными парфянскими документами[прим. 201][прим. 202])* своих резидентов: полководца лже-Аршакида – самозванца Трдатиуса III *(«святого»)*, лжепарфянина [лит. 2] Григориуса "Просветителя"[прим. 203] и др. греков – этим фактически совершил в Армении гос.переворота. Именно после этого события эллинские элементы *(совсем атипичные для этого региона до того)* начали активно проникать в Закавказье и агрессивно оттеснять оттуда всякие элементы семитской цивилизации. Укрепив здесь свою позицию руками тех своих резидентов, в дальнейшем Рим начал истреблять *(с помощью их, и*

---

[200] *Рыжков Л.Н.:* Были ли у грузин языческие боги до христианизации? *[URL: https://books.google.com/books/about?id=D8_JDQAAQBAJ&pg=PA]*

[201] *Прим. автора:* Единственными сведелями их «парфянства» были они сами и римляне. Больше никто!!! Интересно, зачем Риму так упорно защищать каких-то парфян: привести к власти под сопровождением своих войск, поддерживать войсками именно их власть, а не согласиться с царством каких-нибудь других аршакидов!?! История Трдата III полностью схожа с историями лже-Дмитриев в Российской истории.

[202] *Прим. автора:* Аналогичным приемом Рим насадил христианство в Месопотамии *(Осроене)*, подготовив задним числом поддельное письмо [10; 11] от имени самого Иисуса Назаретского на имя покойного царя (*4 г. до н.э. –7 г. н.э., 13-50 гг.*) Осроены Абгара V (*? г. до н.э. – 50 гг. н.э.*), что якобы он еще при жизни лично переписывался с Иисусом и якобы от рук апостола Фаддея принял христианство, поэтому преемники Абгара уже не имеют права вернуться обратно и вынуждены продолжить его путь. В результате Осроена поневоле стала первой [12-15] в мире страной, принявшей христианство, и после этого постепенно была поглощена Римом.

[203] *Прим. автора:* Все первонасадители христианства в Армении – Рипсимия, Гаиания, Нина, Григориус, Экспедитиус, Саркис, Трдатес, Вртанес, Аристакес и сотни др. *«астериксы и обеликсы»* были родом из давно колонизированной греками Каппадокии. Сегодня в Армении, куда ни плюнь, попадёшь на могилу или на святилище римлян IV века, возведенных там до уровня святых.

дислоцированной здесь своей армии) всех нахарарских родов по одному и уничтожить, стирать всякие следы евреев-арамеев в Армении *(см. здесь стр. 46)* и заполнять их место здесь греками, привезенными из Македонии *(которые через несколько сот лет, впитывая в себе местные элементы, трансформировались в совр. армян. См. об этом здесь стр. 49, 59, 96, 104, 107; а также лит.: 1)*, чтобы до истечения срока *«Нисибинского договора»* (298-338 гг.) образовать здесь для себя важную социальную базу, что и привело к столетней гражданской войне в Армении между этими новыми армянами *(греками)* и местными арамеями, в результате чего Армянская государственность пала.

Столетняя гражданская война в Армении: 287-387 гг.

Начиная с Трдата III *(287-330)* почти все последующие цари Армении в IV в.: Хосров III Котак *(M.Xoren. III.6)*, Тиран *(Xoren. III.10-11)*, Аршак II *(350-367)*, Пап *(Xoren. III.36)*, Вараздат *(Xoren. III.40)*, Аршак & Валаршак *(Xoren. III.41)* – были возведёны на престол с помощью *(в сопровождении)* Римской армии, охранялись ими *(там же. Интересно, если они действительно были аршакидами, тогда в чем интерес Рима, что их так охотно защищал, даже со своим войском?!? Тем более если до этого вечно воевал с предками этих аршакидов)*.

Поскольку эти лже-Аршакиды *(без рода и племени)* были навязаны народу извне, вернее, их врагами – жизнь всех их завершилась трагически: Трдат III *(Xoren. II.92)* и его сын Хосров Котак *(Xoren. III.10)* были убиты местными князьями; их внуки: Тиран *(Xoren. III.17)* и Аршак *(Xoren. III.35)* – иранскими, Пап и Вараздат – римскими *(Xoren. III.39-40)* правителями.

Все идеологи – патриархи Армении в IV в. тоже были назначены Римом и были умерщвлены местным населением: Григорий "Просветитель" исчез без вести

(M.Xoren. II.91, 92). Вместо него из Рима был отправлен другой римский агент – Аристакес *(якобы забытый и только после его смерти "найденный" в Риме сын исчезнувшего Григориуса)*, который был убит через пару лет Архелай Аршакидом – правителем т.н. IV Армении *(M.Xoren. II.91)*, а его сын Григорис – правителем Албании Санатурк Аршакидом *(Faust Vizant. 3.VI)* и т.д.

Древнеармянские источники описывают десятки важных восстаний в IV-V вв. местных арамеев-евреев против Римских наместников в Армении. В источниках сохранились информация про восстании в 301 г. – Арджана (фр. Artzan)[204], в 318 г. – Слук Слкуни[205], в 330 г. Датабена Бзнуни[206], в 336 г. Бакура – *Бдехша Алдзника*[207], в 337 г. – Санатурка *(Санесана)*[208], в 360 г. – Меружана Арцруни[209], в 378-384 гг. – Манвела Мамиконяна[210], в 449-451 гг. – Васака Сюни[211] и др. Сохранилась также информация об отравление Трдата III в 330 г. нахарарами[212]; и исчезновение без вести Григориуса[213].

Все эти восстания были подавлены беспощадно Римскими наместниками *(потомками Трдатиуса III, Григориуса и Мамиконянов – Ваан, Вардан, Мушек...)* с помощью Римских войск.

Например, об этих зверствах тех веков Фауст Византийский и Хоренаци пишут:

---

[204] *Зеноб Глак*: История Тарона. Раздел: «Réponse à la lettre des syriens, contenant l'histoire de l'endroit nommé les *neuf-sources,* et de la guerre suscitée par Artzan, par Zénob le syrien, évêque» [URL: http://remacle.org/bloodwolf/historiens/zenob/histoire.htm]
[205] *Моисей Хоренаци:* История Армении.: II.84
[206] *Фауст Византийский:* История Армении: III.8
[207] *Моисей Хоренаци:* История Армении. III.4; *Фауст Визант.* III.9
[208] *Моисей Хоренаци:* История Армении. III.3; *Фауст Византийский:* История Армении. III.6; Моисей Каланкатуаци: История Албании. I.8
[209] *Фауст Византийский:* История Армении. IV.XXIII
[210] *Фауст Византийский:* История Армении. V.XXXVII
[211] *Елишэ*: Слово о войне армянской. *Раздел. III*
[212] *Моисей Хоренаци:* История Армении. II.92
[213] *Моисей Хоренаци:* История Армении. II.91, 92

"Царь многих нахараров перебил, многих истребил со всем родом, не оставив наследников; имения многих отобрал в казну"[214][215].

Фауст Византийский подробно описывает истребление до последнего младенца следующих княжеских родов: Манавазянах и Ордуни (Гл. 3.IV); Бзнуни (Гл. 3.VIII); Алдзникского (гл. 3.IX); Рштуни и Арцруни (гл. 3.XVIII); Камсараканов (гл. 4.XIX) и др. или же [V.8-19] истребление все населения *(опустошения)* следующих областей Южного Кавказа или изгнания их на Кавказские горы Римскими войсками *(под руководством стрателата по имени Терентия и комита Адэ)*: Атропатены, Ноширакан, Кордук, Кордик, Тморик, страны Маров *(Мидии)*, Арцах, Албанию, Каспиан *(Пайтакаран)*, Иверию *(Грузию)*, Алдзник, Мец-Цопк *(Софен)*, Ангел-Тун, Андзит и других. Фавстос Бузанд (III.21; V.1), Мовсес Хоренаци (III.36–37), Аммиан Марцеллин (XXVII.12.13-16) и др. сообщают, что при этих погромов участвовали более 100 тыс. римских солдат.

В Эфиопская книге «Kebra Nagast» – скомпилированной на основе ранних текстов – утверждается, что Эфиопия будет помогать «Риму», то есть Византии – в ликвидации мятежного Еврейского государства в Армении *(где-то в V-VI вв.)*:

"Некие из Иудеев поднимут их головы против веры нашей в Награне (Nâgrân) и [также] **в Армении** во дни после этого/во дни грядущие вскоре, и Бог это сделает Волей Его, с тем чтобы мог истребить Он их, ибо Армения — местность Ромейская (territory of Rômê), а Награн — [местность] Эфиопская"[216][217].

Уцелевшие из этого ада арамеи-евреи бежали в извечное убежище спасающихся – на горы! Так описывает

---

[214] *Фауст Византийский:* История Армении. Гл. 3. XII; XVIII; 4.XIX
[215] *Моисей Хоренаци:* История Армении. III.31
[216] Книга о славе Царей ("Kebra Nagast"). § 116. "О Колеснице Эфиопии" [http://www.vostlit.info/Texts/rus8/Efiop/Kebra/text52.phtml]
[217] *Циклопедия*: Восстание евреев Армении по данным «Кебра Негаст»

Агатангелос одного из эпизодов изгнания Римскими наместниками местных арамеев-евреев на Кавказские горы:

…Тогда они кричали: «780 …**Отправимся к жителям Кавказских гор, на север. Может быть, там мы получим возможность жить, и с их помощью исполним наше желание.**»[218].

А их потомки через несколько сот лет с вершины Кавказских гор писали следующих:

«…Армения, и [наши] отцы бежали перед ними [....] потому, что были не в со[стоян]ии выносить иго идолопоклонников, и [люди Казарии] приняли их потому, что л[юди] Казарии были сперва без Торы, в то время как [их сосед Армения] оставил Тору и писания…» *(Фрагмент из «Еврейско-Хазарск. переписки»)*[219].

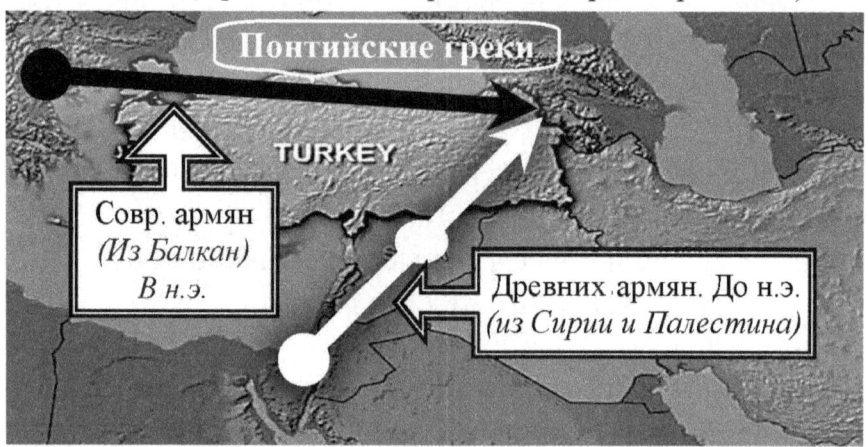

Маршрут миграции древних (до н.э.) и современных (в н.э.) армян в Закавказье

Еврейский путешественник Петахия из Регенсбурга посетивший Армению («Араратскую землю») в XII-XIII вв. сообщает, что раньше в этой стране был много евреев, но в его время их было уже мало, причём утверждает, что причиной уменьшения численности евреев здесь являются некие войны между ними – приняв и

---

[218] *Агатангелос*: История Армении. 778-781 (http://www.vehi.net/istoriya/armenia/agathangelos/ru/04.html)
[219] Кембриджский документ [URL: http://www.vostlit.info/Texts/Dokumenty/Russ/X/Chaz_evr_dok_X/text10.htm]

Трдата III, Григориуса, Втранеса, Аристакеса и всех их окружений и потомков тоже за армян:

«В земле араратской большие города, но евреев в них очень мало. В старину там их было много; но они враждовали между собой и истребляли друг друга, а потому рассеялись и разошлись по городам Вавилонии, Мидии, Персии и земли Куш»[220][221]

Программа "Damnatio memoriae"

Геноцид закавказских евреев ставленниками и колонистами Рима происходил в разнообразных формах: истреблением основных их княжеских родов до последнего младенца [см. здесь стр. 43]; набором их в армию Рима и отправкой на смерть в разные уголки земли ради Рима[222][223]; набором их детей в местные римские школы и промывкой их мозгов до тех пор, пока они не скажут: *«Забыл я народ свой и дом отца моего»*[224][225][226] и т.п. А также стиранием отсюда всяких следов евреев в рамках программы *"Domnatio memoriae"*, в том числе написав их историю заново *(под нужды*

---

[220] *Петахья Регенсбургский (XII в.)*: Кругосветное странствие Раби Петахии Регенсбургского. Стр. 277 [URL: http://www.vostlit.info/Texts/rus15/Petach_Regensburg/text.phtml?id=1083]
[221] *Циклопедия*: Междоусобная война евреев Армении
[222] *Себеос (VII в.)*: История Императора Иракла [http://www.vehi.net/istoriya/armenia/sebeos/index.html]. Отдел III.8, стр. 57; Отдел III.10, с. 59-60
[223] *Прокопий Кесарийский*: Война с готами. III.32.7 [http://www.vostlit.info/Texts/rus/Prokop/framegot32.htm]. Цитата: *«Его (Арсака – прим.) родина (Армения – прим.) замучена непрерывными наборами и военными постоями, истощена чрезвычайными поборами, отец его казнен под предлогом невыполнения договоров и соглашения, вся его родня порабощена и рассеяна по всей Римской империи...»*.
[224] *Агатангелос*: История Армении. § 839 CXX [URL: http://www.vehi.net/istoriya/armenia/agathangelos/ru/04.html]
[225] *Корюн*: Житие Маштоца. Гл. 15 [URL: http://www.vehi.net/istoriya/armenia/korun/koriun7-15.html]
[226] *Арман Ревазян*: "МАКАРАЦ": Гл. 11-16: Забыл я народ свой и дом отца своего [URL's: http://makarats.ru/index/zabyl_ja_narod_svoj_i_dom_otca_svoego/0-27; http://makarats.ru/index/zabyl_ja_narod_svoj_ii/0-131; http://makarats.ru/index/zabyl_ja_narod_svoj_iii/0-132; http://makarats.ru/index/zabyl_ja_narod_svoj_iv/0-133; http://makarats.ru/index/zabyl_ja_narod_svoj_v/0-134; http://makarats.ru/index/zabyl_ja_narod_svoj_vi/0-135]

информационной войны), исключив с этой истории всякую роль евреев. Например, написанная здесь римским спецотделом *(на греческом языке)* самая первая книга – «История Армении» *(от «Агатангелоса»)* – которая оказала огромное влияние и на последующих историков, сегодня однозначно считается подделкой и фальсификацией[227], как и все последующие книги по истории Армении[313]. Читая любую книгу по истории Армении за IV в. можно видеть только одну картинку: планирование и организация со стороны властей *(состоящих из греков, т. е. прадедов современных армян)* геноцида и культуроцида[прим. 228] по религиозному и этническому признаку[прим. 229]; насильственное принуждение населения к смене религии, уничтожение *(геноцид!)* и изгнание носителей иудаизма и ашшуризма *(из своей же родины)*; уничтожение культовых зданий;

---

[227] Статья *«Агатангелос»* в энциклопедии Ираника [URL: http://www.iranicaonline.org/articles/agathangelos]. Перевод последних частей: *«История Агатангелоса не имеет никакого исторического значения. В этой кн. биография св. Григориуса искусно компилирована на основании библейских и агиографических мотивов (ср.: III Цар.17:8-10; Дан.: 4:28-34; 6:16, 14:32-42. – Дж.М.) и полностью повторяет биографию Месропа Маштоца (изобретателя армянского алфавита). Выдуманными являются также и визит Трдата и Григория к Константину, и ассоциация св. Григория с кафедральным собором в Вагаршапате, который был построен после раздела Армении между Ираном и Римом в 387 г., и перемещение патриархов в восточную Армению. Сведения о языческих божествах в этой книге – напр., Анаита – извлечены из кн. Маккавеев и не совпадают с описанием тех же божеств в этом регионе Страбона (XI.XIV.16). Себеос (VII в.) пишет об Агатангелосе как ровеснике не Трдата III, а Тиридата I».* Со своей стороны, и мы сможем добавить некоторые детали: за 300-312 гг. *Зеноб Глоб* описывает еще некоторые гражданские войны *(«История Тарона»: Предисловие)*, а *Евсафий Кесарийский* – римско-армянские войны *(«Церковная история» 9.8.2-4)*, которые не отражены в этой книге – *автор*.

[228] *Прим. автора:* Тем более культроцид против еврейского народа не представляет особой трудности, т.к. у евреев нет привычки писать имена своих богов где-нибудь, воздвигать статуи своим богам, украшать свои алтари гравюрами своих святых [см. напр., лит. 4], поэтому идентифицировать их по археологическим артефактам трудно.

[229] Попадает под Конвенцию ООН *«О неприменимости срока давности к военным преступлениям и преступлениям против человеч.»*

разграбление и присвоение имущества религиозных общин, истребление княжеских родов до последнего младенца, насильственное изъятие детей из семей и их зомбирование с целью забвения и т.д.[230][231][234] – при этом назначение главарей операции и задействование государственных вооруженных сил для этих операций.

Так описывает эти мерзости своих прадедов против евреев совр. армянский ученый Армен Ревазян:

«Нигде в мире нельзя увидеть подобного – невозможно объяснить столь старательное уничтожение лишь непродуманными действиями фанатичной толпы или банальной ненавистью к язычникам. И я вновь говорю: здесь было нечто особенное, что-то такое, чему был вынесен приговор на обязательное, полное искоренение. Но зачем?! Зачем и почему христианам было столь важно, чтобы армянский народ запричитал: *Забыл я народ свой и дом отца своего* и как именно они добивались этого? Как добивались? По-разному и в первую очередь выскабливанием, ибо только выскабливанием можно назвать то, что творили христиане в Армении, иначе мы не были бы вынуждены довольствоваться скупыми свидетельствами иноземных историков, жалкими остатками в виде межевых камней царя Арташеса и фундаментами под христианскими храмами.

Выскабливали – и это неопровержимый факт. Для того чтобы убедиться в этом, достаточно прочесть «Историю» Агафангела, текст которого буквально пестрит выражениями: *предать забвению, стереть из сердец», «стереть в порошок», «сровнять с землей», «чтобы не видно стало, что там что-то было»* и т.д., и т.д.

Разве в дикой, пустопорожней, скотской, погрязшей в безграмотности и бескультурье стране может быть что-то, что достойно подобного внимания? Разве можно предавать забвению, стирать из сердец и сравнивать с землей то, чего не существует?

Где эти анналы или хотя бы отрывки из них? Неужели даже Тигран II Великий не позаботился увековечить свое имя в истории? Где надгробные плиты из усыпальниц огромного

---

[230] *Нерсисян М.Г.:* История армянского народа, Ереван, 1980. РАЗДЕЛ: Борьба в Армении между центральной властью и нахарарами *[http://hayreniq.ru/history/822-borba-mezhdu-centralnoj-vlastyu-i-naxararami.html]*

[231] Всемирная история. Том 1. (под ред. Ю.П. Францева). М «Полит. лит» 1953 / раздел: «Возобновление борьбы с Ираном и мятежи нахараров» [URL: http://www.armeniaonline.ru/armenia/ancienthistory_22.php]

множества армянских царей и князей?»[232].

«Христианам было так необходимо выскоблить армянское прошлое. Армянских *язычников* называли дьяволами, *писца* – сатаной, а саму письменность – дьявольским атрибутом, обязательным к уничтожению?». «Значение имени самого Григория – является письмоскоб»[233].

Просто ревазяны не учитывают, что осквернили, уничтожили не их прадедов *(иначе ревазяны не смогли бы родиться сегодня)*, а именно их прадеды натворили все это зло против евреев, чтобы изымать эти Земли из их рук для сегодняшних своих потомков.

Вышеуказанными способами римские колонисты *(которые, ассимилируясь в местной среде, веками превращались в совр. армян)* под руководством Римского полководца лже-Трдата, и Римского политработника лже-парфянина Григория *(См. лит. 2)*, активно стирали всякие следы местного населения с Закавказья в период IV-V вв.[234], и присвоили себе всю историю, доблесть и сам этноним прежних хозяев этих земель.

В результате греческий язык, начиная с IV в., поднимается в Армении до уровня сирийского *(т.е. арамейского)*, и во время Месропа Маштоца (362-440 гг.) – создателя армянского алфавита они уже сосуществуют как два конкурирующих языка в Армении[235]

---

[232] *Арман Ревазян:* "МАКАРАЦ". гл.10-я : «Забыл я народ свой и дом отца своего» *[URL: http://makarats.ru/index/zabyl_ja_narod_svoj_ii/0-131]*

[233] *Там же:* Григорий Просветитель? *[URL: http://makarats.ru/index/0-136]*

[234] *Мирзоян Э. А.:* Падение древнего Армянского государства *[https://grani.agni-age.net/articles12/4907.htm]*. Цитата: *«Это короткое перемирие позволило Диоклетиану посадить на Армянский Престол воспитанника Римского двора Трдата, что позволило превратить армянского царя в послушную римскую марионетку. Именно тогда наступает самый мрачный и до сих пор неясный для историков период Великой Армении».*

[235] *Моисей Хоренаци*: История Армении. III.36. *(Цитата: «Сжигал все книги, какие ему попадались, и приказал учиться персидской (т.е. арамейский – Дж.М.), а не греческой грамоте, не сметь говорить по-гречески или переводить (с этого языка) якобы с целью положить конец близости и дружеским связям армян с греками»)*

[236][237][238][239][240][241]242. Со временем сирийский язык полностью исчезает из Армении, а греческий становится доминирующим. Аналогичные перемены произошли и в военной, политич., демографич. сфере страны между фронтами двух противоборствующих сил страны.

После падения Византии все греки за пределами Балкан, остались «сиротами» в отдаленных землях, и превращались из властелинов в странствующих греков в иноэтническом окружении, и, за полторы тысячи лет, в зависимости от степени и характера ассимилирующих факторов, постепенно трансформировались в совр. понтийцев, урумов, армян, румеев, караманлидов, хемшилов и др. – сильно отдаляясь от греческих корней[243]. В т.ч., в отличие от понтийских греков *(которые сегодня живут и в Армении)* – которые благодаря общему вероисповеданию *(халкидонство)*, алфавиту и морской границе с Грецией более или менее сохранили свою идентичность, армянские же греки имея собственный алфавит, вероисповедание *(миафизитство)* и будучи пространственно отрезанным от Греции, оставались в географическом, культурном, лингвистическом анклаве

---

[236] *Лазарь Парпеци*: История Армении. Гл.10.23, 24-26, 28 *[URL: http://www.attalus.org/armenian/gp2.htm]*

[237] *Фауст Византийский*: История Армении. IV.4. Цитата: *«…всех гаварах Армении он основал школы греческого и сирийского языков»*

[238] *В.А.Арутюнова-Фиданян*: Христианизация на цивилизационном пути Армении. // Вестник ПСТГУ. Серия III: Филология. 2016. Вып. 4 (49). С. 9–23. Стр. 19. Цитата: *«В среде армянской элиты после принятия христианства шла борьба сирофильской и грекофильской школ, завершившаяся победой грекофилов и уходом от родного иранского мира в сторону греческого просвещения»* [https://cyberleninka.ru/article/n/hristianizatsiya-na-tsivilizatsionnom-puti-armenii]

[239] *В.А.Арутюнова-Фиданян*: Сирийцы в Тароне (по данным «Истории Тарона») // Вестник ПСТГУ. сер. III: Филология. 2007. Вып. 1 (7). С. 7–25 *[URL: https://elibrary.ru/item.asp?id=12841423]*

[240] *Wikipedia*: Греко-армянский папирус

[241] *Wikipedia*: Грекофильская школа армянской литературы

[242] *Wikipedia*: Греч. языки [https://en.wikipedia.org/wiki/Hellenic_languages]

[243] *Wikipedia*: Палеобалканские языки

в среде персов, картлийцев, кавказцев и тюрков *(хазаров, кыпчаков, сельджуков, османов, сефевидов, азербайджанцев)* и за тысячи лет впитывая в себя, заимствуя их элементы *(ассимилируясь)* превращались в современных армян[прим. 244] *[по этой теме см. здесь стр. 49, а также лит. 1].*

В результате, с X века армянские историки воспринимают Оронтидов, Арташесидов и Аршакидов уже как чужаков. Например, *Мхитар Айриванеци* (XIII в.) пишет с недоумением:

> «До сих пор, имея в предмете родоначальников и царей, я упоминал только о важнейших событиях, выбирая из тысячи *(событий)* одно. В настоящее время я нахожусь в недоумении. Т.к. весь труд наш должен касаться собственно страны и народа армянского, и так как в настоящее время у нас нет собственных царей и самодержавных князей; то приходится нам, чтоб сохранить полный порядок в нашей истории, описывать *(деяния тех народов)* и царей их, под властью которых мы находились. Как со времен Гайка армяне подчинились ассирийцам, далее мидянам, персам, аршакидам, таджикам, туркам, а теперь — татарам, также иногда то римлянам, то грекам, то и следует нам заняться *(историей)* римлян *(греков?)* и персов»[245].

И после всех этих изложенных фактов, евреи по сей день ломают голову над вопросами: куда исчезли наши «Десять колен» и откуда на Кавказских горах *[извечном убежище спасающихся!]* такая сильная распространенность иудаизма в начале н.э., – тем более вслед за распространением у подножья Кавказа христианства?!

---

[244] *Прим. автора:* Совр. армянский язык является ассимилированной версией греч. языка III века в арамейской, тюркской, иранской и кавказской среде. Т.е. совр. греч. и совр. армянский языки являются ответвлением одного и того же праязыка с III в.. [см. лит. 1]. Тогда как до III в. – т.е. до колонизации Армении Римом, под этнонимом «армян» подразумевали их антагонистов – арамеев. См. Страбон: I.2.34, XVI.4.27, а также здесь стр. 31-32

[245] *Мхитар Айриванкский (XIII в.):* Хронографическая история. стр. 390. [URL: http://www.vostlit.info/Texts/rus11/Mhitar/frametext2.htm]

АМАН – КИР МЛАДШИЙ

1. Он был одним из придворных царя

> *В „кн. Есфири"*: При царе же был тогда знатен Аман[246][247] *(Хаман)*[248][249] – сын персидского сановника Хаммедата[250] *(Гаммедаты агагита, Амадафа Агаги)*, амалекитянин[251] *[Есф. 1:0 r ; 3.1:10; 8.3:5]*

В истории: У Артаксеркса было несколько братьев и сестер[346], один из которых – младший его брат Кир Младший – был основным фаворитом их матери[252][253].

2. Аман был выше всех придворных

> *В „кн. Есфири"*: «Возвеличил царь Артаксеркс Амана, сына Амадафа[250], Вугеянина, и вознес его, и поставил седалище его выше всех князей, которые у него; и все служащие при царе, которые были у царских ворот, кланялись и падали ниц пред Аманом, ибо так приказал царь» *(Есф. 3:1)*. Он был «второе лицо при царском престоле» *(Есф. 4:8; 8:12 l)*, и даже выше этого, т.к. Артаксеркс называет его *(Есф. 3:13 d)* своим "соуправителем"[254]

Кир был младшим братом Артаксеркса и фаворитом их матери[252][253].

---

[246] *Wikipedia:* Аман *[URL: https://ru.wikipedia.org/wiki/Аман_(Библия)]*

[247] *Wikipedia:* Аман в Раввинской литературе *[URL: https://en.wikipedia.org/wiki/Haman_in_rabbinic_literature]*

[248] *ЭЕЭ:* Хаман *[URL: http://www.eleven.co.il/article/11042]*

[249] *ЕЭБЕ:* Гаман *[URL: https://ru.wikisource.org/wiki/ЕЭБЕ/Гаман]*

[250] А может, он был любовником Парисатиды, и она родила Кира от него, поэтому и любила его больше всех детей? Истина известна только одному Богу. – *автор.*

[251] См. *Н. Глубоковский. Библейский словарь:* Вугеянин: [http://vboge.com/dict/vihlyancev/v/vugeyanin/]

[252] *Ксенофонт:* Anabasis 1.1.4 *[Цитата: «Она любила его больше..»]*

[253] *Плутарх:* Артаксеркс. 2 *[URL: http://ancientrome.ru/antlitr/t.htm?a=-1439004500#sel=9:89,9:185]*

[254] *Лопухин:* Толкование Есф.3:13 d *[URL: https://azbyka.ru/otechnik/-Lopuhin/tolkovaja_biblija_20/3#sel=42:1,42:1]*

3.   Аман подготовил заговор против царя страны

> *В „кн. Есфири"*: Хотя об этом прямо не пишется в кн. Есфири, но вытекает косвенно. Так, книга начинается прямо с заговора двух евнухов против царя (Есф. 1:0 n-q; 2:21-23). Но позже выясняется, что после раскрытия этого заговора Аман начал из-за этого держать зло на Мардохею (Есф. 1:0 r).

См. здесь стр. 20

4.   Между Аманом и Мардохеем существовала вражда

> *В „кн. Есфири"*: "При царе же был тогда знатен Аман, сын Амадафов[250], Вугеянин, и старался он причинить зло Мардохею и народу его" [Есф. 1:0 r].

В истории: За заслуги Тиссаферна в подавлении восстания в 415 г., Дара II отдал Малую Азию ему в управление и владение. Но через семь лет отняв ее обратно, отдал своему сыну – Киру. Из-за этой несправедливости Тиссаферн втайне испытывал злобы Киру. Но Кир повсякому постарался компенсировать эту его ушерб со своим дружественным отношением к нему, и даже доверия дошла до того, что Кир доверил ему свой сверхсекретный план заговора. Но Тиссаферн передал эту доверенную ему информацию Артаксерксу, после чего Кир и Тиссаферн окончательно превращались в врага[255][256].

5.   Причина этой вражды

> *В „кн. Есфири"*: Греч. версия кн. Есфири связывает причину этой вражды с раскрытием заговора Мардохеем. Еврейская же версия – с личной антипатией Амана к Мардохею, и частично тем, что Мардохей не признавал Амана выше себя.

---

[255] *Плутарх:* Артаксеркс. *Прим 7. [URL: http://ancientrome.ru/antlitr/-t.htm?a=1439004500#n7]*

[256] *Ксенофонт:* Анабасис. I.1.2-3 *(Эта часть «Анабасис»а цитируется здесь на стр. 90)*

В истории: Наверху подробно изложены причины.

6. Аман подготовил заговор против евреев в Персидской империи

> *В „кн. Есфири"*: Аман «*старался причинить зло Мардохею и народу его*» [Есф. 1:0 r]

В истории: «Здесь Кир начинает тайно готовиться к борьбе с братом. Для состояния Ахеменидской державы в то время характерно, что Кир объяснял свои военные приготовления необходимостью борьбы с непокорным Тиссаферном, а царь, очевидно, привыкший уже к междоусобицам сатрапов, по выражению Ксенофонта, думал, «*что Кир тратится на войска потому, что воюет с Тиссаферном, и нисколько не беспокоился, когда они [и прежде] воевали, тем более что доходы, поступавшие из тех городов, которыми прежде владел Тиссаферн, Кир отсылал царю*[257]». М. М. Дьяконов[258].

Таким образом, всё Западное Закавказье[прим. 259] и Северная, Восточная Анатолия месяцами ожидали надвигающейся войны, и, чтобы вселять страх, Кир открыто рекламировал это свое намерение. В итоге Артаксеркс сильно дезориентировался, очнулся только тогда, когда уже 70 тысячная вражеская армия уже была прямо перед дверью царского дворца.

---

[257] *Ксенофонт*: Анабасис. I.1.8. [Цитата: «*ради войны с Тиссаферном…*»]
[258] *Дьяконов М. М.*: Очерк истории древнего Ирана [URL: https://books.google.com/books?id=4D4qDgAAQBAJ&pg=PA101&dq="Здесь+Кир"]
[259] *Прим. автора*: Поскольку в то время не существовало термина «Закавказье», вместо него употреблялся термин «*Арминия*», который обозначал территорию примерно Малого Кавказа [см. лит. 21, 22, 23].
В некоторых совр. научных литературах иногда можно встретить восприятие термина «Арминия» как название государства или же административной единицы в древности. Но это ошибочно, т.к. при Ахеменидах, сатрапии назывались номерами, и Закавказье (Арминия) входило в состав некоторой сатрапии (в основном № 13 и 18), и там жили десятки народностей *(преимущественно арамеи)*: халибы *(халдеи, алопы)*, кардухи, макроны, моссинойки *(мушки, или месхеты)*, колхи *(см.: Ксенофонт: Анабазис. кн. VII.8.25)*, саспиры, матиены, кадусии, алароиды, марды, фазианы, тибарены, таохи и др. *См. также здесь сноску 372.*

7. И этот заговор Амана, как и первый, в действительности был направлен против самого царя

> *В „кн. Есфири":* «В начале указа намекается, что намерение Амана причинить зло евреям, подданным царя, было вместе некоторого рода покушением на самого царя *("покушаются строить козни самим благодетелям своим" – Есф. 8:12 с).* Далее эта мысль высказывается еще определеннее; Аман прямо обвиняется в том, что *"замышлял лишить нас, – т.е. особу царя, – власти и души... сделать нас безлюдными, а державу Персидскую передать Македонянам"* (Есф. 8:12 т-12 о)»[260]

В истории: Как известно, Кир получил соответствующее разрешение Артаксеркса на сбор войска якобы для проведения карательных мер против Тиссаферна. Позже царь понял, что Тиссаферн был предлогом *(маскировкой),* в действительности эти войска были собраны как раз для свержения его самого *(об этом событии см. также здесь стр. 53, 58, 70).*

8. Аман был умерщвлён царем, как враг государства

> *В „кн. Есфири":* Царь приказал казнить Амана, и он был повешен на виселице, приготовленной им для Мардохея *(Есф. 7:7-10).*

В истории: Кир Младший, который собрал войска для уничтожения Тиссаферна, при этом получив соответствующее разрешение царя, был убит на войне самим царем. Его греческое войско было нейтрализовано и изгнано обратно в Грецию *(см. здесь стр. 7).* Если выразиться метафорично, то «*Кир попал в яму, которую вырыл сам для других*».

---

[260] *Лопухин:* Толкование Есф. 8:9-14. *[URL: https://azbyka.ru/otechnik/Lopuhin/tolkovaja_biblija_20/8#sel=33:45,33:76;56:39,56:103]*

9. Царь передает все имущество и должности Амана Мардохею

> *В „кн. Есфири"*: «В тот день царь Артаксеркс отдал царице Есфири дом Амана, врага Иудеев; а Мардохей вошел пред лицом царя, ибо Есфирь объявила, что он для нее, и снял царь перстень свой, который он отнял у Амана, и отдал его Мардохею; Есфирь же поставила Мардохея смотрителем над домом Амана» *(Есф. 8:1-2)*. «Мардохей Иудеянин был вторым по царе Артаксерксе и великим у Иудеев и любимым у множества братьев своих, ибо искал добра народу своему и говорил во благо всего племени своего» *(Есф. 10:3)*

В истории: Первостепенная роль Тиссаферна и его отряда в этой войне признается почти всеми современными авторами без исключения. Совр. военные специалисты[261][262] обращают особое внимание на тактическую уловку Тиссаферна во время этой войны, с помощью которой, заманив ядро армии Кира Младшего – греческих наемников – в ловушку, он оставил их там в бездействии до конца сражения. Пользуясь этим Артаксеркс атаковал и разбил оставшиеся беззащитные и растерянные войска Кира. За все эти заслуги даже сам Артаксеркс наградил его после битвы самыми высшими наградами: *«...Удостоил его богатыми дарами, отдал свою дочь в жены, и с этого времени относился к нему как к самому истинному другу. Он также отдал ему в управление приморские сатрапии, принадлежавшие Киру»*[263].

---

[261] *А. П. Беликов, М. В. Нечитайлов:* Сражение при Кунаксе: триумф эллинского оружия? / «Древности» 2010. / стр. 31. Сноска №1 [https://khiao.files.wordpress.com/2015/04/04_belikov_nechitaylov.pdf]

[262] *Марк Друри:* Сражения Артаксеркса II. РАЗДЕЛ: Резюме [URL: http://archive.is/YXQK#selection-859.0-859.220]

[263] *Диодор Сицилийский:* Историческая библиотека. 14.26.4 [URL: http://simposium.ru/ru/node/1132].

Цитаты по этой теме из разных источников:

«Тиссаферн в качестве награды за участие в подавлении мятежа Кира Младшего получил в жены дочь царя Артаксеркса»[264][265] ...«и в дополнение к своей Карийской сатрапии – все области Кира, а также должность верховного командующего персидскими войсками в Малой Азии. В тот момент он находился на вершине своего могущества»[266][267].

«Тиссаферн, доверенный командир короля, похоже, сыграл большую роль в победе. Он имел многолетний опыт борьбы с греками и знал о способности их тяжелой пехоты. Он смог добиться победы только в предыдущих случаях, подкупив, свои греческие гоплиты в пустыне. На Кунаксе он командовал левым крылом короля и лично возглавил колонну тяжелой кавалерии, которая прорвалась сквозь греческие пельтасты.

После битвы Артаксеркс наградил тех, кто помог ему добиться победы, и наказал тех, кто покинул его.

Он отдал подарки сыну Артанга, убитого Киром, и наградил своего доктора Ктесия и евнуха, который принес ему напиток при получении ранение. **Тиссаферн же получил высшую честь короля, ему была дана дочь короля как невеста, и провинция, которой правил Кир.** Что касается Арбака, который встал на сторону Кира, Артаксеркс не убил его, а вместо этого вывел его перед войсками как дурака и позволил ему вернуться домой»[268].

---

[264] *Рунг Э.В.:* Тиссаферн и Гидарниды в контексте политической истории Ахеменидской державы в V в. до н.э. Стр. 16 // «ВДИ». 2012 №1. *[URL: https://books.google.ru/books?id=ZIYmDwAAQBAJ]*

[265] *Диодор Сицилийский:* Историческая библиотека. 14.26.4 *[URL: http://simposium.ru/ru/node/12517]*

[266] *Дандамаев М.А.:* Политич. история Ахеменидской державы. М.1985. Раздел: «Анталкидов мир» [URL: http://oldevrasia.ru/library/M-A--Dandamaev_Politicheskaya-istoriya--Akhemenidskoy-derzhavy/36]

[267] Энц. Всемирная история: Тиссаферн [URL: http://w.histrf.ru/articles/article/show/tissafiern_dr_ghriech_tis_s_aphernes]

[268] *Марк Друри:* Сражения Артаксеркса II *[URL: http://archive.is/YXQK#-selection-639.0-675.86]*

АРТАКСЕРКС

> *В „кн. Есфири":* Септуагинта представляет его как Артаксеркса, Масореты – как Агасфера *(ивр.* אחשורוש *— Ахашверош),* который расшифровывается совр. учеными как Артаксеркс, или Ксеркс.

В истории: Тронное имя персидского царя, *Aršak-a (которого будущие Аршакиды (династия)*[269] *приняли за своего прародителя)* – было Артаксеркс. Известно, что он простил своего брата *(Кира Младшего)* при первой попытке переворота, но при второй убил, подавив его восстание с помощью кузена своей жены, и отдал все должности, полномочия и почести своего брата ему (см. здесь стр. 55).

1. *Артаксеркс издал указ, позволяющий «второму лицу в царстве» уничтожить кузена своей жены и его народ. Через несколько месяцев издал второй указ, позволяющий кузену своей жены уничтожить армию «второго лица в царстве». После исполнения назначил «вторым лицом» в царстве самого кузена жены.*

> *В „кн. Есфири":* Аман, будучи "вторым человеком в Персидской Империи" соблазнив царя, получил от него указ, позволяющий уничтожить Мардохея и его народ. Позже Мардохей через Эстер передал царю что-то необычное, вследствие чего царь пересмотрел свой указ и издал второй, позволяющий народу Мардохея уничтожить армию Амана, после исполнения которого царь назначил Мардохея "вторым человеком" в царстве вместо Амана (Есф. 10:3).

---

[269] *Кошеленко, Геннадий А.:* Генеалогия первых аршакидов *(еще раз о низийском остраке № 1760)* // В книге: Гафуров, Б. Г., Литвинский, Б. А. (ред.), "История и культура народов Средней Азии *(древность и средние века)*". Москва, Наука, 1976. Стр. 34. Версия 4. *(Синкелла версия)* [URL: http://www.parthia.com/doc/genealogia_ru_34.htm]

В истории: Похожие события, действительно, происходили в Персидской империи в 401 г. до н.э.: брат Артаксеркса *(правитель Малой Азии – Кир Младший)*, заманив Артаксеркса деньгами, получил его разрешение вести войну против брата *(или двоюродного, троюродного брата)* жены царя *(правителя Закавказья – Тиссаферна)*. Позже Артаксеркс, поняв подоплеку этого разрешения *(Указа)* и истинное намерение своего брата *(оказывается, он собирал войска для свержения не Тиссаферна, а его самого)* издал второй указ, позволяющий брату жены *(Тиссаферну)* уничтожить своего брата *(Кира Младшего)* и его людей, после исполнения этого указа царь взял брата жены за своего брата.

2. Артаксеркс был евреем

> *В „кн. Есфири":* Из уст Артаксеркса: «Мы же находим Иудеев, живущими по справедливейшим законам, сынами Вышнего, величайшего Живаго Бога, даровавшего **нам и предкам нашим** царство в самом лучшем состоянии» *(8:12 p-q)*

Вытекает, что и Артаксеркс II и его род *(т.е. Дара, Кир и др.?)* тоже были евреями *(???)* и такой вывод вытекает также из общей логики книги, т.к. евреи не выдавали замуж своих дочерей иноверцам, а, как известно, жена Артаксеркса была еврейкой.

Подобные строки уменьшали доверие ученых к достоверности сюжета, т.к. получается, что события *(или часть событий)* произошли *(если вообще произошли)* где-то в другом царстве, где цари этой страны, действительно, были евреями, и фабула всех происходящих там процессов проецируется на Персию, как на более прославленную страну древности. Ведь сегодня известно, что цари Персии были зороастрийцами!? Но, может, и нет.

Глубокое изучение вопроса показывает, что проблема не в первоисточнике, а в нашем восприятии.

Проблема возникает из-за того, что люди *(включая ученых)* всматриваются в историю с призмы сегодняшнего порядка вещей, расклада сил, вкладывают в термины совр. их значения *(стереотипное мышление?!)*, как будто на территории совр. Ирака и Сирии вечно жили арабы и они всегда исповедовали ислам, чуть выше всегда жили грекоязычные армяне *(совр. армяне)* и они всегда исповедовали христианство, в Иране всегда жил индоиранский этнос, и они всегда исповедовали зороастризм и т.д. В действительности же все они до II-III в. н.э. были арамееязычными странами, и их население исповедовало иудаизм. Т.е. в древности под этнонимами «перс», «армян» *(беглопроизношенная форма «арАмЕянин»а)*, «сириец» подразумевали именно арамеев и арамео-евреев *[см.: здесь стр. 31-32]*, а не совр. Индоиранцев, индоевропейцев или арабов. Просто в 224 г. в Иране власть захватили совр. индоиранцы *(Сасаниды)*, и начиная с того времени по Ирану начал распространяться современный индоиранский этнос и привезенный им из Средней Азии зороастризм; а в 287 г. греки *(совр. армяне)* захватили власть в Армении и начали насильственно распространять там привезенные с собой религию Рима и греческий язык *(ассимилированная версия которого в местной среде позже превратилась в современный армянский язык*[прим. 270]*. См. об этом: лит. 1)*;

---

[270] *Прим. автора:* Некоторые современные авторы, ссылаясь на указание Геродота *[VII.73]*, что *«армяне являются выходцами (выселенцами) из Фригийских земель»*, считают и древних армян индоевропейцами *(как и фригийцев и современных армян)*, что является совершенно необоснованным. Дело в том, что арамеи и евреи были сильно распространены в Малой Азии [16] минимум со времен хеттов [*Syro-Hittite states*], чего доказывает изобилие арамеоязычных надписей в найденных здесь архивах хеттов (*«Богазкёйский архив»*), и даже они продолжали сохранять этот свой статус в юго-восточных областях Малой Азии до времени Геродота *(Ист. 1.72, V.49)* и т.н. апостола Павла *(Деян. 21:39)*. Поэтому можно понимать ту фразу Геродота и так: *«армяне, будучи изгнанниками из Малой Азии фригийцами...»*. Не будет излишним добавить, что арамеи-ашкеназе-лунопоклонники *(которые составляли ядро этноса древних армян)* продолжали свое существование в

также в VII веке в Месопотамии арабы захватили власть и начали распространять там привезенные с собой с Аравийского полуострова ислам и арабский язык. Т.е. у всех трех стран произошла «подмена этноса», и сегодня какое отношение имеют к совр. <u>французам</u> древние *франки* (германцы), к совр. <u>таджикам</u> – древние *таджики* (арабы), к совр. <u>британцам</u> – древние *бритты* (кельты), которые до французов, таджиков и англосаксов были хозяевами их земель, такое же отношение имеют к совр. персам, армянам и сирийцам древние персы, армяне *(арамеяне)* и сирийцы[271].

Обратимся к истории.

То, что на родине Ахеменидских царей *(в Парсуа / Персида)* до их времени никогда не жил <u>индоиранский этнос</u>, убедительно доказано наукой[272]. Ктесий *(также и Николай Дамасский. F 66)* отрицает Мидийское *(отношение которого с индоиранским этносом еще находится под вопросом)* происхождение Ахеменидских царей[273]. Имена ни одного из Ахеменидских царей не этимологизируются с индоиранских языков[274]. А если и на территории Персии найдены надписи на древнеперсидском языке, то они обнаружены в восточных областях, т.к. известно, что в Персии воцарился мультикультурализм – каждая область сохранила свой этнорелигиозный облик, и цари издали указы для каждой

арамейской части Малой Азии даже до н.э.[160-160]. А также очень многие авторы [17] связывают этногенез древних армян с библейскими мушками, которых древние авторы считали арамеями *(см. Иосиф Флавий: Иуд. Древн. 6.1.* Сравни: *Геродот: История. 1.72, и V.49)*

[271] *Wikipedia:* Сирийский язык *[https://ru.wikipedia.org/wiki/Сирийский_язык]*
[272] *И.М.Дьяконов:* История Мидии: От древнейших времен до конца IV в. до н.э. *М. АН СССР. 1956. Стр. 138*
[273] *Ктесий Книдский:* Персика. Кн. I-VI. F 8d *[http://simposium.ru/ru/node/12242];* Кн. VII-XI. F 9 *[http://simposium.ru/ru/node/12243]*
[274] *Wikipedia:* Кир *[URL: https://en.wikipedia.org/wiki/Cyrus#Etymology]*

области на их языке, с учетом их божеств[275]. И многие из них сегодня считаются подделкой времен Сасанидов[276]. То есть индоиранский язык в то время был языком крайних областей, а не государства и элиты.

О том, что зороастризм не был религией Ахеменидов, написаны сотни работ[277], и существование самой «Авесты» до Сасанидов никем не доказано[278][279] *(вернее, «доказано» цитатами из «не дошедших» до нас работ несуществовавших авторов)*[280]. Имя бога Ахурамазды *(Ормузд*[286]*)* впервые встречается только в древнеперсидскоязычных надписях Дария I *(а не Кира*[281]*, Ксеркса*[276]*, Ариарамны или Аршама*[282]*)*, и то не в том смысле, что у поздних зороастрийцев[283]. В идентичных *(или двуязычных)* текстах, "Указах", найденных в разных областях Персии, восточные *(или ираноязычные)*, как правило, начинаются именем Ахурамазды, а в западных *(не ираноязычные)* на этом месте стоят имена

---

[275] *Дандамаев М.А.:* Отражение содержания Бехистунской надписи в труде Геродота *[URL: http://rec.gerodot.ru/behistun/dandamaev02.htm]*

[276] *Ernst Emil Herzfeld:* A New Inscription of Xerxes from Persepolis? One More Forgery [URL: www.achemenet.com/pdf/arta/ARTA_2015.003-Schmitt.pdf]

[277] *Дандамаев М.А.:* Иран при первых Ахеменидах: (VI в. до н.э.). М.: 1963. [https://books.google.ru/books?id=8kQqDgAAQBAJ]. *Стр. 236 (цитата: «Ни Дарий, ни его преемники не были зороастрийцами в точном смысле этого слова»), стр. 239, Сноска 20*

[278] *Дьяконов И.М.:* История Мидии. М. 1956. *Стр. 49-50*

[279] *Дьяконов М.М.:* Очерк истор. древ. Ирана. 1965. *Стр. 364. Прим. 364;*

[280] Кое-какие ее части, действительно, существовали до н.э. фрагментарно. Но не на территории Ирана, а в Туране – на родине индийских Вед – *автор.*

[281] Цилиндр Кира как политич. инструмент в руках современных политиков *[URL: http://www.livius.org/ct-cz/cyrus_I/cyrus_cylinder.html#prop]*

[282] Фальшивые надписи Ариарамны и Аршама *[URL: https://ru.wikipedia.org/wiki/Пластины_Хамадана];*

[283] *М.А.Дандамаев:* Иран при первых Ахеменидах. стр. 242 *[URL: https://books.google.ru/books?id=8kQqDgAAQBAJ&pg=PA242]. Цитата: «...у Ахеменидов мы не находим дуализма. Им чужд Ариман...»*

богов тех регионов[284][285]: Мардука, Митры, Анахита, Иеговы и др. Кроме этого, божество Ахурамазды *(Ормузд[286])* в тот период среди тюрков было гораздо более распространено, чем среди персов[287][288], причем вне влияния зороастризма.

Ни брачные, ни похоронные обряды Ахеменидов не соответствуют зороастризму[277][289][290].

Имя самого *Зороастра* не встречается ни в каких Ахеменидских надписях[291][292], и впервые оно появляется, начиная с нашей эры, а написавшие о нем первые авторы *(Плиний Старший [I в. н.э.], Диоген Лаэртский [II-III в. н.э.] и др.)* искусственно удревнили его биографию *(на фоне идеологич. поддержки Рима всяких нац. меньшинств в Иране)*, ссылаясь на несуществующие «древние» источники *(или же на позже добавленные части работ древних авторов)*. В древности, действительно, некоторые античные авторы писали о магах, но не в связи с зороастризмом[293]. В позднейшей традиции

---

[284] *М.А.Дандамаев:* Иран при первых Ахеменидах: (VI в. до н.э.). стр. 242 *[URL: https://books.google.ru/books/about?id=8kQqDgAAQBAJ&pg=PA242]*

[285] *Seidl U.:* Ein Monument Darius I. aus Babylon//Zeitschrift für Assyriologie. Bd. 89 *(1999). S.101-114 (см. особенно с. 109)*

[286] *Wikipedia:* Ормузд *[URL: https://ru.wikipedia.org/wiki/Ормузд]*

[287] *Wikipedia:* Хормуста *[URL: https://ru.wikipedia.org/wiki/Хормуста]*

[288] *Wikipedia:* Ырамас *[URL: https://ru.wikipedia.org/wiki/Ырамас]*

[289] Комм. № 9 к F16 § 60 Персику Ктесии [URL: http://simposium.ru/ru/node/12247#_ftn9]

[290] *Дорошенко Е.А.:* Зороастрийцы в Иране. М. 1982 / стр. 18. (Цит: *«Погребальные обряды древних персов не соответствовали погребальным обрядом зороастрийцев»)* [URL: https://books.google.ru/books?id=Ex_cDQAAQBAJ]

[291] *Васильев Л. С.:* История религий Востока. М.: Высш. школа, 1988. Стр. 46 *[http://books.google.com/books?id=sRbcDQAAQBAJ&pg=PT46] (Цит.: «в наиболее ранних персидских текстах (ахеменидских надписях) о нем не упоминается»);*

[292] *М.А.Дандамаев:* Иран при первых Ахеменидах: (VI в. до н.э.). Стр. 247 [URL: https://books.google.ru/books?id=8kQqDgAAQBAJ]

[293] *Wikipedia:* Древнеиранская религия в античных источниках. *Раздел:* Зороастр (15.05.2017)

маги начинают «быть» последователями Зороастра[294], а Зороастр – родоначальником магов[295].

В итоге индоиранская принадлежность Ахеменидов ничем не доказана.

Покровительство Ахеменидских царей же иудаизму всем известно[296][297], и взамен Еврейская Библия упоминает Ахеменидских царей очень уважительно, возвышая некоторых из них даже до уровня «помазанных»[298], тогда как, кроме евреев, она никогда никого не возвышала до такого статуса. Поскольку родина Ахеменидов – Персида / Парсуа находилась между будущей Адиабеной *(совр. верхн. Ирак, который был важным центром иудаизма до и после Ахеменидов[114])* и территорией, известной как Яхудистан / Испагань *(где находилась резиденция всех Ахеменидских царей: Аншан, Пасаргада, Персеполь, Сузы, которого "Книга Юбилеев" [8:1, 8:21, 9:2] объявляет еврейским регионом)*, напрашиваются некоторые выводы, тем более что государственным языком Ахеменидов был арамейский[299]. Библия сообщает о подбрасывании Ассирией в 722 и 716 гг. до н.э. части еврейских пленных именно на эти территории[300]. "Книга Есфири" объявляет всех предков Артаксеркса II евреями *(Есф. 8:12 p-q)*.

---

[294] *Плутарх:* Застольные беседы. IV.5.2, 670d
[295] *Евсевий:* Приготовление к Евангелию. I.10.42; X.9.10
[296] *Wikipedia:* Указ Кира Великого *[URL: https://en.wikipedia.org/wiki/-Cyrus%27s_edict]*
[297] Дан. 2:46-49; 6:1-2; 26-27. Езра 1:1-7; 2:2, 64; 6:2-13; 7:26; Неем. 3:16, 7:7.
[298] Словарь библейского богословия: "КИР" *[http://www.godrules-.net/library/Slavic/topics/topic335.htm]*; "Артаксеркс" *[http://www.godrules.net/library/Slavic/topics/topic56.htm]*; "Дарий" *[URL: http://www.godrules.net/library/Slavic/topics/topic179.htm]*
[299] *Wikipedia:* Имперский арамейский *[URL: https://en.wikipedia.org/wiki/-Imperial_Aramaic]; [URL: https://en.wikipedia.org/wiki/Imperial_Aramaic_(Unicode_block)]*
[300] «...Поселил их в **Халахе** *[совр. Нимруд, Ирак – прим.]* и в **Хаворе** *[см. Khabur (Tigris)]*, при реке Гозан *[совр. Тель-Халаф, Сирия – прим.]*, и **в городах Мидийских**» [4 Цар 17:6; 18:11] – Дж.М.

Стоит добавить, что античные источники сообщают о поклонении Ахеменидов также и Митре, Анаиту и др. вавилонским божествам[301]. Но если учесть, что до религиозной реформы царя Иосии [640-609 до н.э.] и Иезекииля древние евреи – в т.ч. и уведенные Ассирией почитали, кроме Яхвы, и разных богов ["Баалов и Астарт"][302], то и этот факт ничего не говорит против иудаизма Ахеменидов.

Следы огромной еврейской цивилизации были стёрты со Среднего Востока начиная с нашей эры именно Римом, Сасанидами и греко-армянами *(т.е. совр. армянами. См. лит. 1)*. В рамках политики «Разделяй и властвуй!» Рим начал активно раскалывать огромный фронт[303] евреев по всей Передней Азии, поддерживая всякие альтернативные взгляды, течения, движения, этносы, политические силы в каждом из них, и в результате, обернув их силу против себя, стер всякие следы евреев в каждом из них. В П а л е с т и н е Рим совершил это, приведя к власти идумеянинов – извечных врагов иудейского рода *(которых Еврейская Библия проклинала еще 1 000 лет назад: см. Иезекииль. 25:13-14, Авд. 1:18. – язык и религия которых сильно отличались от иврита и иудаизма)*; в П а р ф и и – Сасанидов, тоже извечных врагов иудеев; а в А р м е н и и – греков *(совр. армян)*, с кем и воевали 800 лет настоящие армяне – Оронтиды, Арташесиды, Аршакиды *(до 287 г., т.е. до лже-Аршакидов)*. В результате Израильское государство навсегда исчезло с лица Земли *(восстановить*

---

[301] *М. А. Дандамаев, В. Г. Глуконин:* Культура и эконо древн. Ирана. М., 1980. Стр. 313 [https://books.google.ru/books?id=7a3NDgAAQBAJ]

[302] Согласно археологическим находкам религиозные представления древних израильтян кардинально отличались от библейских. Папирусы из Элефантины («Elephantine papyri») свидетельствуют о продолжающемся даже в V веке до н.э. политеизме среди евреев [5; 6]. – *автор.*

[303] *Wikipedia:* Сеть аршакидов в Ближнем Востоке в начале н.э. *[URL: https://en.wikipedia.org/wiki/List_of_rulers_of_Parthian_sub-kingdoms]*

удалось только через 1 800 лет), колыбель еврейского народа – родина Авраама Ур-Касдим была переименована в одноименную македонскую город Эдессу и превратилась в основной центр христианства на Ближнем Востоке, а евреи Армении и Ирана рассыпались по Кавказским горам и организовали с помощью горских народов неоднократные *(причем безрезультатные)* набеги на Армению *(в 314-315, 330, 335-336, 367, 368, 370, 374, 375, 396, 441, 450... гг.)*, Иран и Рим – вплоть до арабских завоеваний этих земель[304]. Чтобы узаконить свои права на эти земли и удревнить своё пребывание *(автохтонность)* здесь, новые хозяева этих земель присвоили себе всю историю, доблести, этноним прежних хозяев, стирая, разрушая, передавая в забвение всякие их следы *(т.е. подвергая физическому и культурному геноциду)*. В результате очертилась современная этнолингвистическая карта Ближнего Востока и Закавказья, причем каждый объявлял себя коренным жителем этих местностей, тогда как вопрос «Могли ли греки *(т.е. совр. армяне – см. лит.: 1)* быть коренным народом Закавказья? – остается без ответа[прим. 305].

---

[304] Статьи в Циклопедии (http://cyclowiki.org): Е в р е й с к о - С а с а н и д с к и е в о й н ы : *«Гонения на евреев при Йездигерде II»* [455-456]; *«Гонения на евреев при Перозе»* [468-474 гг.]; *«Восстание евреев во главе с Мар-Зутрой II»* [495-529 гг.]; *«Восстание евреев при Бахраме Чубине»* [590-591 гг.]; *«Участие евреев в завоевании арабами Персии»* (VII в.). « Е в р е й с к о - Р и м с к и е / В и з а н т и й с к и е в о й н ы » : см.: *«Категория:Римско-Иудейские войны»*, *«Восстание евреев против Ираклия»* [602-628 гг.], *«Участие евреев в Арабо-византийской войне»* [610-641 гг.]; *«Византийско-хазарские войны»* [VIII-X вв.] и т.д.

[305] *Прим. автора*: В Азербайджанской историографии бытует мнение, что приписывание Армении такой древней истории возникло в середине прошлого века как проект Советского Союза для противостояния Турции. Именно поэтому до 1952-го года *(когда Турция вступала в НАТО)* советские историки писали – как Адонц *(т.е. без политич. подоплеки: «Армения в древности принадлежала арАмЕянам»)*, а после – как Камилла Тревер *(т.е. с отпечатками сложившейся политической ситуации: «Армения и часть Турции извечно принадлежала предкам совр. армян»)*.

Именно поэтому не дошло[306] до нас со времен Персидской империи и Парфии ни одной нормальной книги с территории Ирана *(кроме нескольких наскальных надписей[307] – и те обнаружили европейцы)*, тогда как из Греции, Индии и Китая с аналогичного периода дошли до нас сотни томов философских, религиозных, научных и литературных произведений *[см. здесь стр. 97]*. А Ватикан *(духовный наследник главного палача иудеев – Рима. см.[308][309])* почему-то (???) держит свои архивы в секрете[310], где проведение учеными *(особенно евреями)* исследований строго ограничены, в каких то секторах вообще запрещены (?!) – тогда как из-за «истечения срока давности»[311] какой-то двухтысячелетний документ давно уже должен был перейти к общественному достоянию (!). В Армении найти что-нибудь об арамейском прошлом страны приравняется к государственной измене, и написавшие об этом ученые воспринимаются как враги армянского народа, а их исследования уничтожаются. См., напр.: [312]. Привычка

---

[306] *Прим. автора:* Совр. авторы об этом пишут: *«Сохранились, к сожалению, лишь те исторические произведения, авторы которых были приверженцами или же явными панегиристами империалистического Рима»* *[19]*. Очень простой пример: даже книги Иосифа Флавия, написанные на арамейском, не дошли до нас. *[см. 20]*. Можно констатировать, что были уничтожены все работы, написанные на арамейском *(сирийском)*.

[307] Надписи Ахеменидов *[URL: http://www.livius.org/sources/content/achaemenid-royal-inscriptions/]*

[308] *Wikipedia:* Римско-Иудейские войны *[https://en.wikipedia.org/wiki/Jewish–Roman_wars]; [https://en.wikipedia.org/wiki/Category:Jewish–Roman_wars]*

[309] *Циклопедия:* Римско-Иудейские войны *[URL: http://cyclowiki.org/wiki/-Категория:Римско–Иудейские_войны]*

[310] *Wikipedia:* Ватиканский секретный архив *[URL: https://ru.wikipedia.org/wiki/Ватиканский_секретный_архив]*

[311] *Wikipedia:* Общественное достояние *[URL: https://en.wikipedia.org/wiki/Public_domain]; Wikipedia:* Директива об авторском праве *[URL: https://en.wikipedia.org/wiki/Copyright_Duration_Directive]*

[312] *А. Торосян:* Россыпи Армянской цивилизации. Часть 11. Были ли в истории арамейцы? *[http://arminfocenter.org/news/2012-08-03-3173]*

тотальной фальсификации своей истории армянами начиная с IV в. известна[227][см: 313]. Интересно, зачем все это – если все так честно?!

И при всех этих фактах евреи по сей день ищут свои «10 потерянных колен» – причем в Америке, в Индии, в Сибири, и т.п. уголках земного шара, но не в периметрах древней Ассирии, тогда как Иосиф Флавий *(37-100 гг.)* открыто писал *(вслед за III Кн. Эзры: 13:40-46)*, что в его времени *(I веке)* они жили на территории Верхней Месопотамии и Закавказья[314][315]*[прим. 316]*.

После всех этих изложений, думается, очень легко понять смысл вышеуказанных *(Есф. 8:12 p-q)* строк кн. Есфири.

Стоит отметить, что указанные строки отсутствуют в масоретской версии, что еще раз доказывает первичность Септуагинта. Т.к. при авторах Септуагинта Иран еще был еврейской страной, а при авторах Масоретской версии он уже давно прославился как Зороастрийская страна, поэтому и еврейские переводчики, не увидев логики в этих строках, просто отбрасывали их.

---

[313] *Фуад Ахундов:* Разрушители фальсификаций. *[http://nofalsify.com/ru/razdely.html]*

[314] *Иосиф Флавий:* Иудейские древности. XI.5.2 *[URL: https://azbyka.ru/otechnik/Istorija_Tserkvi/iudeiskie_drevnosti/11_5].* Цит.: *"в пределах Азии и Европы лишь 2 [иудейских] колена подчинены римлянам, тогда как остальные десять колен до сих пор живут по ту сторону Евфрата, представляя из себя многотысячную и прямо неподдающуюся точному подсчету массу народа."*

[315] *Иосиф Флавий:* Иудейская Война. *Предисловие, § 2 [https://azbyka.ru/otechnik/Istorija_Tserkvi/iudeiskaya_voina/#0_1]; 2.16.4 [https://azbyka.ru/otechnik/Istorija_Tserkvi/iudeiskaya_voina/2_16].* Цитата: *«наши соплеменники из Адиабены поспешат к нам на помощь»*

[316] Относительно "10 Потерянных Израилевых колен" в этой книге см. стр. 22, 26, 35, 67

ПАРАЛЛЕЛИ МЕЖДУ ГЛАВНЫМИ СОБЫТИЯМИ

Действия Амана

1.   Аман организовал заговор против царя. Двоюродный брат Эстер раскрыл заговор и передал все царю

> *В „кн. Есфири":* Был подготовлен заговор против царя, и двоюродный брат жены царя (Мардохей) раскрыл этот заговор *(Есф. 1:0 п-q; 2:21-23)*. Причем, в другой части кн. намекается, что этот заговор был подготовлен именно Аманом: «Старался он причинить зло Мардохею и народу его *за двух евнухов царских»* (Есф. 1:0 г) (???)

В истории: Плутарх об этом пишет:

«Вскоре после смерти Дария новый государь отправился в Пасаргады, чтобы персидские жрецы совершили над ним обряд посвящения на царство. Там стоит храм богини войны, которую можно, пожалуй, отождествить с Афиной. Ищущий посвящения входит в храм, снимает свою одежду и облачается в платье, которое носил Кир Древний до того, как взошел на престол, затем он отведывает пастилы из плодов смоковницы, разгрызает несколько фисташковых орехов и выпивает небольшую чашу кислого молока. Присоединяются ли к этому какие-либо иные действия, посторонним неизвестно. Артаксеркс уже был готов приступить к исполнению обряда, когда приблизился Тиссаферн, ведя за собою одного жреца, который был наставником Кира в детские годы и открыл ему учение магов, а стало быть, больше всех в Персии сокрушался, видя, что царство досталось другому. Вот почему его обвинения против Кира прозвучали

особенно веско. Обвинял же он своего ученика в том, что тот намеревался укрыться в храме и, когда царь разденется донага, напасть на него и убить. Некоторые утверждают, что по этому доносу Кир был немедленно схвачен, другие — что он сумел проникнуть в святилище и там притаиться, но жрец его выдал. Его приговорили к смерти, и приговор уже должен был свершиться, но мать сжала Кира в объятиях, окутала его своими распущенными волосами и прильнула шеей к шее сына; нескончаемыми мольбами и слезами она убедила царя простить брата и отправить его назад, к морю. Но не в радость была Киру его власть, не освобождение свое держал он в памяти, но заточение и, кипя гневом, пуще прежнего жаждал царства»*[317][Прим. 318]*

2. Чтобы оставить царя на поле боя одного, заговорщики решили устранить главную его опору – двоюродного брата жены царя и весь его клан, получив для этого разрешение царя

> *В „кн. Есфири":* Клан Амана задумал уничтожить еврейский клан империи. Евреи были распространены по всей стране и имели сильную позицию во всех городах Персии. Мардохей был главой еврейского клана в Персидской империи, имел над ними огромное влияние. Поэтому враги знали, что смерть Мардохея не обойдется стране так просто, и, возможно, приведет к восстанию и гражданской войне. Учитывая потенциальную угрозу этого шага, они спланировали все втайне и планировали осуществить план внезапно, не дав возможности на самооборону. Они добились разрешения *(указа)* самого царя, убедив его в гос. значении этой акции *(Есф. 3:8-11)*.

---

[317] *Плутарх:* Артаксеркс § 3 [URL: http://ancientrome.ru/antlitr/t.htm?a=1439004500#3]. А также см.: *Плутарх:* Как отличить друга от льстеца. Прим. 30 [URL: http://simposium.ru/node/13531#_ftn30]
[318] По поводу этого события см. также: *Ктесий Книдский:* Персика. кн. XIX-XX F 16 § 59 [URL: http://simposium.ru/ru/node/12247]; // *Ксенофонт:* Анабасис. I.1.3 *(здесь сноска № 256).* и I.2.4-5. [URL: http://www.vehi.net/istoriya/grecia/ksenofont/anabazis/01.html]

В истории: Второй заговор Кира Младшего против старшего брата был подготовлен *«в глубочайшей тайне, стремясь застигнуть царя как можно более неподготовленным»*[319]. Для маскировки истинной цели он даже получил от самого Артаксеркса разрешение на сбор войск для выяснения отношений с Тиссаферном. Так описывает этот отвлекающий маневр Кира Ксенофонт:

> «Отправляя посольства к царю, он просил его, как брата, отдать ему эти города [подвластные Тиссаферну – *прим.*] и не оставлять их под властью Тиссаферна, и мать содействовала ему в этом. Таким образом, царь не замечал враждебных замыслов [против себя – *прим.*], но полагал, что Кир тратится на войско ради войны с Тиссаферном, и нисколько не огорчался их распрей, ибо Кир отсылал царю, дань с тех городов, которыми раньше владел Тиссаферн»[320].

Т.е. официальным поводом набора войск было уничтожение военной силы «непокорного» Тиссаферна, и царь официально был осведомлён об этой акции, было получено его согласие, и, вполне возможно, конкретный его указ относительно акции.

3. Аман добился разрешения царя на геноцид евреев взяткой

> *В „кн. Есфири":* «Если царю благоугодно, то пусть будет предписано истребить их, и десять тысяч талантов серебра я отвешу в руки приставников, чтобы внести в казну царскую» (Есф. 3:9.). В другой части пишется: «И рассказал ему Мардохей обо всем, что с ним случилось, и об определенном числе серебра, которое обещал Аман отвесить в казну царскую за Иудеев, чтобы истребить их» (Есф. 4:7.);
>
> *Комментарий Лопухина:* «10 000 талантов серебра» – огромная сумма в несколько миллионов рублей на наши деньги. Обещание такой суммы для Амана не представляло ничего невозможного: обещанное могло достаточно окупиться через конфискацию имущества убитых (Есф. 3:13).

---

[319] *Ксенофонт:* Анабасис:, I.1.6.
[320] *Ксенофонт:* Анабасис:, I.1.8.

В истории: Ксенофонт пишет ("Anabasis" I.8):

*«Отправляя посольства к царю, он просил его, как брата, отдать ему эти города и не оставлять их под властью Тиссаферна, и мать содействовала ему в этом. Таким образом, царь не замечал враждебных замыслов, но полагал, что Кир тратится на войско ради войны с Тиссаферном, и нисколько не огорчался их распрей, ибо Кир **отсылал царю дань с тех городов**, которыми раньше владел Тиссаферн».*

Т.е. все-таки экономические вопросы играли первостепенную роль в реальной истории и Парисатида с Киром соблазняли царя именно материальной выгодой этого акта. Можно вообразить примерные их доводы и ход дискуссии:

«Тиссаферн со своим застойным мышлением не сумеет произвести важные экономические реформы, внедрить передовые технологии [которые я заимствую из Греции] и поднять на ноги такой плодотворный региона, как Закавказье. Поэтому его поданные умирают с голода, и казна государства лишается ежегодно определенных доходов. А я в соседнем с ней регионе зарабатываю в 10 раз больше, отправляю тебе в два-три раза большую дань, и мои поданные живут в гораздо лучших условиях. Его же поданные князи устали от его амбициозности и жестокости, поэтому ежедневно прибегают ко мне[прим. 321] с жалобами, что он, хвастаясь своим родством с царем, топчет их всех. А почему бы не отнять, наконец, эти территории от рук отпрысков Гидарна, и не сделать их своим семейным владением, чтобы они остались нашим потомкам?».

После примерно подобных уговоров матери и Кира, Артаксеркс мог дать свое согласие поступать им с Тиссаферном по своему усмотрению.

---

[321] *Прим. автора:* Ксенофонт писал [I.1.6-7]: *«Ионийские города первоначально были отданы царем Тиссаферну, но в это время все они, кроме Милета, передались Киру; а в Милете Тиссаферн, предвидя там точно такие же намерения в пользу перехода к Киру, одних казнил, а других изгнал из города. Кир принял изгнанников и, собрав войско, осадил Милет с суши и с моря, пытаясь возвратить обратно изгнанных. Это опять-таки служило ему лишним предлогом для набора войска».*

Действия Мардохея

1. Двоюродный брат жены царя и его народ обречены – царь не хочет принять и выслушать его

> *В „кн. Есфири"*: Хотя об этом в книге Есфири не говорится прямо, но вытекает косвенно, что в тот период царь не захотел принимать Мардохея. Так, раньше Мардохей имел прямой доступ к царю и своей двоюродной сестре, имел возможность навещать ее, когда захочет *(Есф. 2:11)*. Но в тот день почему-то он не только не имел возможности попасть на прием царя, но даже навестить сестру.

В истории: Известно, что Кир Младший начал собирать войска, чтобы якобы выяснить отношения с Тиссаферном. Царь был осведомлён о его намерениях и наверняка сам дал для этой акции соответствующие официальные указы. Но сегодня мы знаем, что в действительности истинной его мишенью был сам царь, несмотря на то, что он нацелился на Тиссаферна, чтобы скрыть свой коварный замысел. В этой ситуации положение Тиссаферна представить не трудно. Доступ ко двору ему уже был закрыт – царь заранее знал, по какому поводу он мог его искать, и поэтому избегал встреч. А Парисатида – организатор всех этих процессов, старалась вдвойне, чтобы заблокировать пути Тиссаферна ко двору и чтобы держать Артаксеркса в полном информационном вакууме. Возможно, она даже угрожала всем во дворе смертной казнью за нарушение этой блокады.

Как известно, Оронт – комендант Сардов, одновременно один из командиров Кира – хотел тайно известить Артаксеркса о намерениях Кира, но посланное им письмо в столицу каким-то образом попало прямо в руки Кира[322]. Ксенофонт полагает, что, возможно, гонец был предателем. Но исходя из вышеуказанного и реального положения дел в тот период, можно предположить и другое: чтобы вовремя предотвратить подобные информационные утечки, Парисатида должна была укрепить и взять под свой строгий контроль все сообщения *(почту)* с того фронта, который в тот момент не могли предвидеть Оронт и тем более наивный гонец, радостно доставивший письмо прямо в руки ожидающих его людей Парисатиды. Поэтому Тиссаферн, не будучи столь наивным *(находясь в курсе дворцовых интриг)*, не должен был доверять никому, кроме Статиры. Возможно также, что казненный Киром за предательство Оронт отправил тайную «телеграмму» не только царю, но и нескольким запасным адресатам *(доверенным родственникам)*, и Тиссаферн передал царю через Статиру одного из них. Кн. Есфири сообщает (Есф. 4:8), что Мардохей передал Артаксерксу через Эстер какое-то письмо, после прочтения которого Артаксеркс разозлился на Амана.

2. Мардохей передает Эстер информацию о приближающихся угрозах необычным методом

> *В „кн. Есфири"*: «Когда Мардохей узнал все, что делалось, разодрал одежды свои, и возложил на себя вретище и пепел, и вышел на средину города, и взывал с воплем великим и горьким, и дошел до царских ворот [и остановился,] так как нельзя было входить в царские ворота во вретище [и с пеплом]. Равно как и во всякой области и месте, куда только доходило повеление царя и указ его, было большое сетование у Иудеев, и пост, и плач, и вопль; вретище и пепел служили постелью для многих. И пришли служанки Есфири и евнухи ее и рассказали ей, и сильно встревожилась царица и послала одежды, чтобы

---

[322] *Ксенофонт:* Анабасис:, кн.I. Гл. 6

Мардохей надел их и снял с себя вретище свое. Но он не принял. Тогда позвала Есфирь Гафаха, одного из евнухов царя, которого он приставил к ней, и послала его к Мардохею узнать: что это и отчего это? И пошел Гафах к Мардохею на городскую площадь, которая пред царскими воротами. И рассказал ему Мардохей обо всем, что с ним случилось, и об определенном числе серебра, которое обещал Аман отвесить в казну царскую за Иудеев, чтобы истребить их; и вручил ему список с указа, обнародованного в Сузах, об истреблении их, чтобы показать Есфири и дать ей знать обо всем; притом наказывал ей, чтобы она пошла к царю и молила его о помиловании и просила его за народ свой» *(Есф. 3:9; 4:1-8).*

Т.е. не просто пришел и сообщил ей о происходящем, а устроил необычную сцену неподалеку от дворца, чтобы распространять слухи о себе – рассчитывая, что слухи о дяде жены царя молниеносно дойдут до Эстер и смогут привлечь ее внимание. Дальше своим отказом от одежды он жестами передал ей всю серьёзность проблемы. Эстер расшифровала их должным образом[323] и отправила к нему верного своего евнуха *(Гафаха).* Только тогда Мардохей передал ей самую важную секретную информацию, имеющую значение для государства и их рода.

Комментарий к этой части Лопухина: *«Есфирь, очевидно, осталась еще в совершенном неведении относительно того, что в таком печальном виде привело Мардохея к воротам дворца. Это показывает сколько способность Мардохея быстро входить в «курс дел» совершавшихся при дворе, так и то, в какой тиши и таинственности родилось это кровожадное и чудовищное предприятие Амана. Непринятие Мардохеем одежд на смену вретища служило для Есфири знаком сильнейшего сетования, ни на минуту не могущего быть прерванным ввиду сильнейшего горя. Это побуждает Есфирь употребить другой способ узнать причину его скорби – посланием особого евнуха, быть может, тоже из иудеев – для подробных расспросов Мардохея»*[324]*.*

---

[323] *Лопухин:* Толкование на кн. Есф. 4:4-5 *[URL: https://azbyka.ru/otechnik/-Lopuhin/tolkovaja_biblija_20/4#sel=27:1,27:44]*
[324] *Там же.*

> Стоит отметить, что до этого Мардохей имел право постоянно наведываться к своей двоюродной сестре *(Есф. 2:11)*, но почему-то на нынешнем этапе прямые связи между ними были прерваны *(заблокированы?)*.

В истории: В вышеуказанной ситуации единственным доверенным лицом Тиссаферна внутри дворца была только Статира, и не исключено, что Тиссаферн в тот день действительно устроил вблизи дворца трогательную сцену, лишь бы привлечь ее внимание и установить с ней связь. Только через неё он смог выйти на самого Артаксеркса, планы Парисатиды могли быть разрушены только с помощью другой близкой женщиной царя, – иного пути у него не было.

Действия Артаксеркса

1. Царь не имеет возможности аннулировать первый Указ

> *В „кн. Есфири"*: Почему-то царь не имеет возможности аннулировать свой антииудейский указ (Есф. 1:19; 8:8).

В истории: Поскольку Кир Младший, используя царский Указ, дошел до сердца империи, отныне уже нет возможности и смысла его аннулировать. Можно только предотвратить его последствия иными мероприятиями.

2. Царь издает второй Указ, разрешающий евреям страны обороняться, восставать против госслужащих

> *В „кн. Есфири"*: Чтобы предотвратить действие первого Указа *(который предусматривал уничтожение народа Мардохея насильственным путем)*, царь издает второй Указ, позволяющий евреям уничтожать всех тех, кто причастен к первому Указу.

В истории: Как только Артаксеркс узнал о случившимся, он *«начал лихорадочно готовиться к войне, собирая все свои войска»*[325]. *«Чтобы замедлить продвижение противника, Артаксеркс уничтожил мосты через Евфрат (Xenophon. An., I.4.18) и прибег к тактике «выжженной земли» (Xenophon. An., I.6.2). Он также привел в готовность оборонительную систему на севере Вавилонии и обновил старую систему

---

[325] *Дандамаев М.А.:* Политич. история Ахеменидской державы. Стр. 225 [https://books.google.ru/books?id=t5LHDQAAQBAJ]. Цит.: "Артаксеркс же начал лихорадочно готовиться к войне, собирая все свои войска"]

укреплений *(Хеn. Аn., I.7.14–16)*. Царь созвал войска не только в Иране (пунктом сбора были назначены Экбатаны в Мидии), но и будто бы привлек силы со всей державы, вплоть до Индии, хотя не все успели прибыть до столкновения с Киром *(Diod., XIV.22.1–2; Хеn. Аn., I.7.12; II.4.25)»*[326]. Одним из таких мероприятий должно было быть инициирование партизанских движений в тылу врага, что и описано в книге Есфири.

Так, *«Кир, после сбора в Сардах рекрутов из Азии и тринадцати тысяч наёмников, назначил персов из своей родни правителями Лидии и Фригии, но в Ионии и Эолии, и на прилегающих владениях, своего верного друга Тамоса*[327]*, уроженца Мемфиса»*[328]. Эпиакса – жена Киликийского правителя – была любовницей Кира, и сам правитель Сиенесий[329] открыл им Киликийские ворота и дал Киру много денег на содержание наемников[330][331]. В такой ситуации нужно была срочно провоцировать восстания в Лидии, Фригии, Ионии, Эолиди и Киликии, и отстранить с должности наместников Кира, чтобы оборвать сообщение повстанцев с Грецией и перекрыть их источники снабжения из этих

---

[326] *А. П. Беликов, М. В. Нечитайлов:* Сражение при Кунаксе: триумф эллинского оружия? / «Древности» 2010. / стр. 25-26. *[URL: https://khiao.-files.wordpress.com/2015/04/04_belikov_nechitaylov.pdf]*

[327] *Прим. автора:* После поражения Кира, Томас со своей семьей *(кроме одного сына)* убежал в Египет, где был пойман и казнен египетским царем. Не уехавший с ним сын Глосс позже стал главнокомандующим Артаксеркса *(Диодор Сицилийский: 14.35.3-5)*.

[328] *Диодор Сицилийский:* Историческая Библиотека 14.19.6 *[URL: http://simposium.ru/ru/node/1132]*

[329] Статья Свинесия в *Wikipedia https://en.wikipedia.org/wiki/Syennesis_(5th_century); В Livius: http://www.livius.org/articles/person/syennesis/#Syennesis%20III]*

[330] Anab. I.2.26; Диодор Сицилийский: 14.20.2

[331] *Дандамаев М.А.:* Политич. ист. Ахеменид. державы. Стр. 225 *[URL: https://books.google.ru/books?id=t5LHDQAAQBAJ&pg=PA225&dq=Свинесия]*

регионов. Даже если Кир проиграл бы битву, его новые наместники все равно подняли бы восстание и перешли бы на сторону Греции, чтобы избежать наказания. Также следовало спровоцировать в прилегающих регионах – в Армении *(не путать современной Арменией. В то время так называли именно Закавказье, т.е. определенный географический регион, а не какую-нибудь страну, или сатрапию. См.[259][372])* и Месопотамии анти-Кирское восстание, чтобы срочно мобилизовать и поднять на ноги все Закавказье и Месопотамию против врага. Именно для этой цели Артаксеркс до или после столкновения с Киром мог уполномочить Тиссаферна инициировать в Малой Азии, Месопотамии и Закавказье партизанское движение *(где он правил до Кира и до сих пор наверняка имел важные связи)*, – чтобы отстранить от власти людей Кира. Частично результатом этого инцидента было, возможно, то, что отступающая 10-тысячная армия Ксенофонта вынуждена была пробиваться в Грецию уже не тем маршрутом, по которому добралась сюда[20], а сатрап Ионии и Эолиди Томас убежал со своей семьей в Египет, где и был схвачен и казнен [см. стр. 77 сноску: 327].

При подобных ситуациях правители всегда ищут опору среди населения, делают ставку на определенные слои общества. Например, аналогичным образом поступил покойный Азербайджанский президент Гейдар Алиев в 03.10.1994 г., когда по плану иностранных спецслужб премьер-министр Азербайджана вместе с замминистра силовых структур, внезапно подняли мятеж, и, опасаясь за свою жизнь, многие министры спрятались. Тогда оставшийся на поле боя один *(как Артаксеркс II)* покойный президент Азербайджана Гейдар Алиев, выступив по телевидению, призвал народ к восстанию против восставших, или же сделать выбор между ним и мятежниками[332]. Весь Азербайджан поднялся на ноги и голыми руками препятствовал передвижению танков в сторону резиденции Президента и, нападая на войска повстанцев, нейтрализовал их *(одними из участников которого были, и мы сами)*. В результате, даже в отличие от ситуации с Артаксерксом, здесь мятеж был подавлен без кровопролитий с помощью народа. Артаксеркс был в аналогичном положении – надо было действовать в ситуации цейтнота и в рамках минимальных возможностей. План заговорщиков был подготовлен давно, и всё окружение Артаксеркса было подкуплено Парисатидой и Киром, остальные после этого события занимали выжидательную позицию, в итоги все шансы Артаксеркса на победу, и даже на оборону уже были упущены. В таком положении он вынужден был опираться только на народ и на родственников жены, которые имели наследственное влияние в северных областях страны, откуда была собрана стотысячная армия повстанцев, и в этом вопросе интересы Артаксеркса совпадали с Тиссаферном – Кир был врагом их обоих. Именно указанный инцидент должен был быть описан в книге Есфири как царское разрешение на восстание евреев против госслужащих Персии *(только не по всей Персии, конечно, как это пишется в книги Есфири, а именно в определенных регионах, которые вышли из-под контроля центральной власти)*.

---

[332] Призыв Гейдара Алиева к народу в 1994 г. – аналогичный призыву Артаксеркса-Мардохея в подобной ситуации в 401 г. до н.э. *[URL: http://musavat.com/news/analitika/prezident-prizval-narod-k-zashite-azerbaydzhana_218071.html]*

3. Истребление приверженцев Амана продолжалось и в столице

> *В „кн. Есфири":* «И сказала Есфирь: если царю благоугодно, то пусть бы позволено было Иудеям, которые в Сузах, делать то же и завтра, что сегодня, и десятерых сыновей Амановых пусть бы повесили на дереве. И приказал царь сделать так; и дан на это указ в Сузах, и десятерых сыновей Амановых повесили. И собрались Иудеи, которые в Сузах, также и в четырнадцатый день месяца Адара и умертвили в Сузах триста человек, а на грабеж не простерли руки своей». [Есф. 9:13-18]

В истории: Естественно, что после подавления восстания должны были начаться массовые аресты и казни всех причастных лиц к этому заговору в госструктурах (в Сузах).

НЕКОТОРЫЕ РАЗМЫШЛЕНИЯ

Другие совпадения

1. Дата происходящих событий

> *В „кн. Есфири"*: Согласно кн. Есфири, евреи Персии уничтожали своих врагов 12 и 13 *адара*, а 14 *адара* праздновали свою победу и избавление; в царской столице Сузы *(Шушан)* избиение врагов продолжалось ещё один день, а празднование победы состоялось там 15 адара *[Есф. 9:1-2, 13-14, 17-19]*.

В истории: «*Часто упоминаемая дата битвы, 3 сентября 401 г. [19, с. 228; 20, с. 124; 21, с. 1171], не базируется на сколько-нибудь серьезной основе [22, с. 525]. Неясно даже, состоялось ли сражение в сентябре (начале/середине месяца), ноябре (начале / середине месяца) или вообще осенью. Предлагалась версия, что в начале августа [23, с. 38, 43; 24, с. 26]. Скорее всего, бой имел место летом 401 г. [25, стр. 882]*»[333]. То есть не исключено, что события произошли именно в середине месяца Адара, как это утверждает кн. Есфири. Этот вопрос требует дополнительного исследования, учитывая версию кн. Есфири.

---

[333] *А. П. Беликов, М. В. Нечитайлов:* Сражение при Кунаксе: триумф эллинского оружия? / «Древности», 2010 / Стр. 26. *Сноска №1* [URL: https://khiao.files.wordpress.com/2015/04/04_belikov_nechitaylov.pdf]

2. Интервал между двумя противоречащими указами

> *В „кн. Есфири"*: Между изданием 1-го указа и написанием 2-го прошло 2,5-3 месяца. Так, для первого указа «призваны были писцы царские в **первый** месяц» *(13-й день)*, тогда как для написания второго «позваны были тогда царские писцы в **третий** месяц»[334]

В истории: Столь огромный промежуток времени слишком длинный для сказки, он не сходится с духом изложенных событий, т.к. за это время царский указ уже должен был быть исполнен. Но это соответствует духу реальных событий, т.к. в реальной истории для Кира тоже понадобилось примерно 4-5 месяцев[335] для передвижения со скоростью пехоты с территории Малой Азии на территорию совр. Ирака, через аравийскую пустыню[336]. Т.е. из вышеизложенного видно, что первый указ невозможно было выполнить за 10-15 дней. А второй – возможно.

3. Численность разбитых врагов

> *В кн. Есфири:* Евреи «умертвили из неприятелей своих семьдесят пять тысяч, а на грабеж не простерли руки своей» (Есф. 9:16)

В истории:
«Насчет численности армий сторон греческие авторы приводят сногсшибательные цифры. К примеру, армии Артаксеркса оценивают в 4 миллиона! Армия Кира при такой цифре указана

---

[334] *Лопухин:* Толкование Есф. 8:9:14 [URL: https://azbyka.ru/otechnik/-Lopuhin/tolkovaja_biblija_20/8#sel=33:45,33:76]

[335] *Голицын Н. С.:* Всеобщая военная исторія древнихъ временъ. СПб.: Типогр. А. Траншеля, 1872. § 62: Цитата: Для передвижения армии Кира Младшего «*от Сарда, по исчислению Ксенофонта, около 535-ти персидских парасанг или 16.050-ти греч. стадий (что составляет около 2.809-ти верст) в 93 перехода (и с большими или меньшими остановками в разных местах) — в 4,5 или 5 месяцев*» [URL: http://simposium.ru/ru/node/301].]

[336] *Ксенофонт:* Анабасис. VII.8.25: "*Маршрут армии Кира Младшего*"

в 300 тысяч солдат. В реальности были возможны армии, численность которых указана ниже, причем следует учесть, что *это завышенные оценки*:

Кир Младший: 10 400 греческих гоплитов, 2 500 пелтастов, из них 1 000 пафлагонских всадников. Около 70 тысяч персидских пехотинцев и всадников *(т.е. примерно 82 900 – прим.)*.

Артаксеркс II: Почти 100 тысяч пехоты и конницы, включая знаменитые персид. серпоносные колесницы *(150 колесниц, по Ксенофонту)*. Войска были стянуты из Ирана, из Индии, из Бактрии, Скифии»[337]

<u>*Наши комментарии:*</u> Открыто видно, что число армии Кира совпадает с численностью армии Амана, над которой евреи одержали победу по библейскому книгу. Достаточно сравнить эту цифру (≈ 75 тыс.) с численностью армии Кира Младшего в реальной истории (≈ 70-80 тыс.) или же Александра Македонского (≈ 47 тыс.), чтобы понимать мощь стольких вооруженных лиц в древности и невозможность уничтожить их стихийными движениями безоружных лиц *(тогда как вся организованная армия Персидской империи не смогла разбить стольких вооруженных лиц в 401 или 331 г. до н.э.)*. Значить в любом случае речь идет о крупномасштабном вооруженном столкновении между двумя организованными армиями, который по всем параметрам соответствует Кунакской Битве *(401 г. до н.э.)*, и автор кн. Есфири понаслышке знает о ней «что?, где?, когда?», но не знает «между кем, и как?». Частично, и поэтому еврейский автор приписывает победу в Кунакской Битве исключительно евреям, чего можно и в реальности считать частично справедливой, учитывая главенствующую роль в этой победе Тиссаферна и его клана.

---

[337] *А. Михайлов:* Битва при Кунаксе: как был наказан царевич Кир? *[URL: http://armflot.ru/index.php/drevnij-vostok/586-bitva-pri-kunakse-kak-byl-nakazan-tsarevich-kir]*

4. Дата написания книги

> *"В кн. сообщается, что Мордехей послал письма к евреям, живившим во всех провинциях царя Ахашвероша, о том, чтобы обязались праздновать ежегодно 14-й или 15-й день месяца Адара, причем описал событие, вызвавшее установление праздника. Затем сообщается о другом письме, которое Есфирь и Мордехей послали евреям в подтверждение установленного праздника и поста (накануне праздника). Из этого видно, что автор кн. Есфири воспользовался письмами главных действующих лиц события. Автор, впрочем, ссылается еще на хронику царей Мидии и Персии"*[338]. В конце самой книги автор пишет: «В четвертый год царствования Птоломея и Клеопатры Досифей [52-30 г. до н.э. – прим], который, говорят, был священником и левитом, и Птоломей, сын его, принесли в Александрию это послание о Пуриме, которое, говорят, истолковал Лисимах, сын Птоломея, бывший в Иерусалиме». (Есф. 10:3 l)

В истории: Эта книга – художественная обработка одного из событий, происходящего накануне Кунакской битвы, и явно, что автор не был современником тех событий, был недостаточно осведомленным о деталях событий и писал понаслышке.

А это событие осталась вне внимания историков потому, что оно было одним из сотен оборонительных мероприятий *(см. здесь стр. 76-80)* накануне войны – причем в ситуации цейтнота, когда огромная вражеская армия внезапно оказалась прямо перед дверями царя, и большинство его приближенных оказались на стороне врага, а остальные готовы были следовать за ними. Именно тогда Артаксеркс II, опираясь только на помощь еврейского населения империи, *(к которому принадлежала и его жена)* спас свой трон.

---

[338] *ЕЭБЕ:* Есфирь [URL: https://ru.wikisource.org/wiki/ЕЭБЕ/Эсфирь,_каноническая_книга]

Видно, что книга Есфири – это литературная обработка данных событий, основанная на народных преданиях, абстрагирующая содержание от контекста политических событий тех времен. Причем автор книги не был прямым свидетелем или же современником тех событий, и, вероятнее всего, жил в Малой Азии, где еще несколько лет правил Тиссаферн, способствовавший, вероятно, распространению этой истории *(истории героизма – своего и Эстер)* и упразднению Пурима в этих регионах – память которой была еще жива. Особенно после умерщвления Парисатидой в 400 г. до н.э. Эстер / Статиры – единственного человека, связывающего их род с царским и воистину играющего для их рода немаловажную роль – Тиссаферн, используя свои полномочия, возможности и власть, мог *(разными мероприятиями, беседами, указами)* увековечить память Статиры, обожествляя ее перед народом – из-за трагической ее судьбы и из чувства мести к Парисатиде. А может, даже *14, 15 адар* не есть день победы евреев над войском Амана / Кира, а есть день рождения Эстер / Статиры (?).

В итоге все это постепенно способствовало зарождению устного фольклора в простонародье с сюжетом этой истории, одна из версии которой позже была художественно обработана каким-то анонимным автором и превращена в известную *«Мегилат Эстер»*.

В любом случае, "Книга Есфири" есть продукт слишком поздних времен – II-I в. до н.э., и автор книги использовал четверичные, пятеричные источники, а не первичные. И эта книга отражает персидский взгляд на события, описанные в кн. Ксенофонта «Анабасис», где изложен греческий взгляд на то же событие.

5. Почему этот праздник называется «Пурим»?

> *В „кн. Есфири"*: «Аман, сын Амадафа, Вугеянин, враг всех Иудеев, думал погубить Иудеев и бросал пур, жребий, об истреблении и погублении их". "Потому и назвали эти дни Пурим, от имени: пур [жребий, ибо на языке их жребии называются пурим]» *[Есф. 9:24, 26]*

В истории: По свидетельству Геродота, решение различных политических вопросов с помощью жребия было обычной практикой у персидской и спартанской аристократии[339]. Кроме того, игра в кости была любимой игрой Парисатиды[340].

Возможно, в этой истории тоже кто-то принял какое-то важное решение по жребию.

---

[339] *Геродот:* История. I.94, II.32, III.25, III.80, III.83, III.128, IV.68, IV.68, IV.153, V.57, VII.23

[340] *Плутарх:* Артаксеркс. 17 *[URL: http://ancientrome.ru/antlitr/t.htm?a=-1439004500#sel=32:41,32:52]*

Какая версия "Кн. Есфири" является более достоверной: Септуагинта *или* Масоретский текст?

1-2. Первый и второй аргумент в пользу греч. текста

> *Из толкования Лопухина:* «В истории сна Мардохея надлежит прежде всего отметить следующее противоречие: рассказчик говорит, что сон представился Мардохею *«во второй год»* (Есф.1:0 а) Артаксеркса, причем Мардохей именуется уже как *«служивший при царском дворце»*. Между тем, **по еврейскому тексту** Есфирь была взята к царю лишь *«в седьмой год его царствования»* (Есф. 2:16, ср. Есф. 2:19), когда и Мардохей был приближен ко двору и мог оказать известную услугу царю разоблачением затеянного против него заговора. Разрешить недоумение, вызываемое этим противоречием, возможно – или допущением ошибки в указании года царствования Артаксеркса, или допущением другой обстановки, при которой Мардохей мог узнать и довести до сведения царя заговор против него, или же, наконец, предположением более значительного промежутка времени между сном и заговором»[341].

Наши комментарии:

a) По еврейскому тексту, Мардохей приблизился ко двору за счет Эстер, а по греческому – самостоятельно. Известно, что ни Тиссаферн не приблизился ко двору за счет Статиры, ни наоборот. Отцы обоих были ближе к Дарию, и за их счет дети самостоятельно сблизились с детьми Дария. Значит, греческий текст ближе к истине. Автор еврейского текста просто постарался увеличить роль Эстер.

b) Кунакская битва тоже произошла в 3-м году правления Артаксеркса, что еще раз доказывает хронологическую точность Септуагинта и близость ее к реальным событиям.

---

[341] *Лопухин:* Толкование на кн. Есф. 1:0 а *[URL: https://azbyka.ru/otechnik/Lopuhin/tolkovaja_biblija_20/1#sel=18:1,18:120]*

3. Третий аргумент в пользу греческого текста

> *Из толкования Лопухина:* «История заговора по различным спискам представляется в четверояком виде *(еврейский текст, 2 греческих и Иосифа Флавия)*. По еврейскому тексту (Есф. 2.21-23), заговор служит причиной приближения Мардохея ко двору, между тем как по основному греческому тексту *(добавление 1-е)* Мардохей был уже при дворе, и сам – а не через царицу – доносит о заговоре царю [Есф. 1:0 n-q]. Иосиф Флавий в общем следует этому греческому тексту, дополняя его, однако, сообщением, что Мардохей не сам узнает о заговоре, а через некоего Варнаваза, слугу-иудея одного из заговорщиков. Другие греческие варианты допускают также повторение заговора, допуская первый во 2-м году Артаксеркса, а второй – в 7-м и стараясь, таким образом, примирить разногласие и противоречие текстов с указанными различными датами и представлениями дела заговора, или принимают какой-либо один, устраняя другой».[342]

Наш комментарий: Снова все данные в пользу греческого текста, т.к. Тиссаферн и до этих событий был на высоких постах в Персидской империи и о заговоре Кира Младшего он сообщил Артаксерксу без посредников. Автор еврейского текста опять постарался повысить значение Эстер и постарался дать логическое начало тексту: Мардохей приблизился ко двору за счет раскрытия заговора, а потом через этот трамплин возвысилась и Эстер. В греческом же тексте эта история оказывается не вполне логически связанной с контекстом *(но в действительности имевшей место в истории)*. И Мардохей представлен как придворным до этого события. Известно, что с раскрытием заговора против Артаксеркса и приближением Тиссаферна к персидскому двору нет ни малейшей связи, т.к. они давно уже были женой и другом Артаксеркса *(как это описывает*

---

[342] *Лопухин:* Толкование на кн. Есф.1:0 a *[URL: https://azbyka.ru/otechnik/-Lopuhin/tolkovaja_biblija_20/1#sel=19:1,19:122]*

греческий текст), и Мардохей передал Артаксерксу информацию о первом заговоре без посредников.

4. Четвертый аргумент в пользу греческого текста

> *В „кн. Есфири":* Греческий текст представляет Амана как македонянина, или же как-нибудь связанным с греками *(Есф.: 8:12 k, 8:12 o, 9:24),* а еврейский – амалектом *(потомком Агата).* Взгляд греческого автора кажется совр. авторам нелепым или же ошибкой переводчика[343] *(если греческий признать не оригиналом).*

Наш комментарий: Как показал анализ книги, автор греческого текста знал предмет своей истории. Автор же еврейского текста, как и современные исследователи, не увидев здесь логику, заменил его на извечного врага еврейского рода – амалекта.

5. Пятый аргумент в пользу греческого текста

> *В „кн. Есфири":* Причину вражды между Мардохеем и Аманом греческий текст объясняет раскрытием заговора Мардохеем *(«старался Аман причинить зло Мардохею и народу его за двух евнухов царских» [Есф. 1:0 r]),* а еврейский – высокомерием Мардохея, который не признавал Амона и не поклонялся перед ним *(в этом смысле эпизод с заговором укладывается в общий контекст в греческом тексте. Т.е. эпизод с заговором в греческом тексте понадобился для объяснения вражды между Мардохеем и Аманом, а в еврейском – для приближения Мардохея, а позже через него и Эстер ко двору).*

Наш комментарий: В этом вопросе все так же играет в пользу греч. текста, т.к. в реальной истории Тиссаферн был другом Кира до заговора. Но когда Кир приготовил тайный заговор против Артаксеркса, Тиссаферн донес об этом заговоре Артаксерксу, и он решил казнить Кира, но благодаря заступничеству их матери

---

[343] *Лопухин:* Толкование на кн. Есф. 1:0 a *[URL: https://azbyka.ru/otechnik/Lopuhin/tolkovaja_biblija_20/1#sel=19:1,19:122]*

удалил его из двора, и отныне Кир вместе с матерью мстили Тиссаферну. Прямо с этого события начинается книга «Анабазис» Ксенофонта: *«Кир отправляется вглубь страны, взяв с собой Тиссаферна,* **как друга,** *и 300 эллинских гоплитов с их начальником Ксением из Паррасия. А когда Дарий скончался и Артаксеркс был посажен на царство, Тиссаферн* **наклеветал брату** *на Кира, будто тот злоумышляет против него. Артаксеркс поверил и приказал схватить Кира, чтобы предать его смерти; но мать вымолила его у царя и отослала обратно в подвластную ему область»*[344]. Стоит заметить, что и «Анабазис» Ксенофонта, и греческая версия кн. Эстер начинаются с этого события.

6. *Шестой аргумент в пользу греческого текста*

> *В „кн. Есфири"*: «Он думал сделать Персию безлюдной, а державу Персидскую передать **Македонцам**» *(Есф. 8:12 о)*

Без комментариев!!!

Стоит отметить, что эта фраза отсутствует в Масоретской версии, что еще раз доказывает неосведомлённость авторов еврейской версии о предмете книги.

7. *Седьмой аргумент в пользу греческого текста*

Седьмым аргументом в пользу первичности Септуагинта является то, что авторы греч. текста считали Ахеменидов евреями. См. здесь стр. 67 *(посл. абзац)*.

---

[344] *Ксенофонт:* Анабасис. I.1.2-3

Реконструкция дальнейшей судьбы основных героев – на основании реальной истории

1. *Дальнейшие судьбы Эстер и Мардохея*

У Эстер от Артаксеркса было несколько детей[345][346]:

— *Сыновья:* Дарий[347], Ариасп[348] *(или Ариарат[349]), и Оха (Артаксеркс III[350]) (425-338 до н.э.)*
— *Дочери:* Радогуна[371] *(420-?),* Атосса[351] *(400-358 до н.э.).*

<u>*Судьба сыновей:*</u> Старший их сын Дарий устроил неудачный заговор против своего отца[352], после раскрытия которого был казнен вместе со всеми своими сыновьями *(кроме одного).* Средний сын Ариасп, заподозренный в сговоре со старшим братом, покончил жизнь самоубийством, чтобы не опозориться за восстание против отца. Третий их сын – Оха *(Артаксеркс III)* стал наследником трона и правил между 359-338 гг.

---

[345] *Wikipedia:* Генеалогия Ахеменидов *[URL: https://en.wikipedia.org/wiki/-Achaemenid_family_tree]*
[346] *Wikipedia:* Генеалогия Артаксеркса II и Статиры *[URL: https://de.wikipedia.org/wiki/Artaxerxes_II.#Stammbaum]; [http://freepages.genealogy.rootsweb.ancestry.com/~dearbornboutwell/fam1252.html]*
[347] *Wikipedia:* Дарий (сын Артаксеркса II) *[URL: https://de.wikipedia.org/-wiki/Dareios_(Sohn_des_Artaxerxes_II.)]*
[348] *Wikipedia:* Ариасп *[URL: https://ru.wikipedia.org/wiki/Ариасп]*
[349] *Ираник:* Ариасп *[URL: http://www.iranicaonline.org/articles/ariaratus-one-of-the-three-sons-of-the-achaemenid-king-artaxerxes-ii]*
[350] *Ираник:* Артаксеркс III *[URL: http://www.iranicaonline.org/articles/artaxerxes-iii-throne-name-of-ochus-gk]*
[351] *Wikipedia:* Атосс (дочь Артаксеркса II) *[URL: https://de.wikipedia.org/-wiki/Atossa_(Tochter_des_Artaxerxes_II.)]*
[352] *Прим. автора:* В этом заговоре сыграл важную роль Тирибаз *(один из главных врагов Тиссаферна),* за услуги которого в войне с кадусиями Артаксеркс II обещал выдать замуж один из своих дочерей, но потом отказался. А Дарий восстал против отца из-за Аспазия – наложницы умершего Кира Младшего, которую Дарий хотел взять себе в жены, но Артаксеркс не разрешил. В результате объединившиеся Тирибаз и Дарий спланировали заговор против Артаксеркса, после раскрытия которого оба были казнены.

до н.э. Т.е. по мужской линии род Эстер продолжил только Артаксеркс III *(умершие её сыновья тоже были женаты и имели детей)*.

<u>Судьба дочерей:</u> Радогуна в 401 г. до н.э. вышла замуж за Мардохея *(Тиссаферна)*. Вернее, за подвиги в «Кунакской битве» *(401 до н.э.)* Артаксеркс наградил его, отдав за него замуж свою дочь *(см. здесь стр. 55)*. Вторую дочку – Атоссу – взял в жены сам Артаксеркс после смерти Эстер *(после 400 г. до н.э.)*. Т.е. одна дочь Эстер вышла замуж за Мардохея, а другая – за Артаксеркса *(мужа самой Эстер)*.

Потомки младшего сына *(Артаксеркса III)* и младшей дочери *(Атоссы)* Артаксеркса II и Эстер образовали будущую династию Аршакидов, которые продолжали править Парфией и Ближним Востоком вплоть до III в. н.э.[269][353] *(как известно, Аршакидская династия начинается от Аршака II, считая первым Аршаком – самого Артаксеркса II, настоящим именем которого был Aršak)*, с которым закончилась славная история Ахеменидов. После него империя пришла в упадок, а затем перешла к внуку второго брата Артаксеркса II *(после Кира Младшего)*, при котором Персия была побеждена Александром Македонским. То есть никто из братьев не удостоился служить Персии так славно, как Артаксеркс. Поэтому и Аршакиды выбрали своим лидером именно Артаксеркса – победителя греков, посчитав себя продолжателями именно его линии, а не потомков других его братьев – Кира Младшего и Остана *(последний царь Персии – Дарий Кодоман был внуком Остана)*, которые отдали (или, по крайней мере, хотели отдать) Персию в руки греков.

Потомки же Эстер *(через её дочь Радогуна)* и Мардохея образовали будущую династию *Оронтидов* /

---

[353] *Аршакиды:* Историческое досье. Стр. 11. *Генеалогическое древо парфянских Аршакидов [http://www.arshakuni.ru/files/arshakidi/Arshakidi.pdf]*

Ервандидов [71][прим. 354], кот. правили Верхн. Месопотамией, Анатолией и Закавказьем вплоть до IV в. н.э. Известные еврейские короли Адиабены *(Изат, Елена...),* – которые и по сей день почитаются в Иерусалиме, – тоже были из их родов.

Через год *(в 400 г.)* после вышеизложенной Кунакской Битвы Эстер *(Статира)* была убита согласно хитрому плану Парисатиды[355][356].

Кроме того, Парисатида жестоко отомстила всем причастным к гибели Кира Младшего людям[357] *(кроме самого Артаксеркса II).* В частности, молодому персу Митридату, ранившему Кира броском дротика в висок [358], царскому евнуху Масабату, который отсек мертвому Киру голову и руку[359]: первый был подвергнут корытной казни[360], а со второго живьем содрали кожу[361] [362][363]

---

[354] *Прим. автора:* Хотя совренные армянские ученые объявляют Оронта I этническим армянином, не имеющим к Тиссаферну никакого отношения, но достаточно взглянуть на дату женитьбы их обоих с дочерью Артаксеркса II – Радогиной: оба они *(и Тиссаферн, и Оронт I)* женились на Радогине в одном и том же году (?!). Значить Оронт I и Тиссаферн – один и тот же человек!

[355] *Ктесий Книдский:* Персика. Кн. XXI-XXII, F27 § 70; F29b *[URL: http://simposium.ru/ru/node/12248]*

[356] *Плутарх:* Артаксеркс. 19. *[URL: http://ancientrome.ru/antlitr/t.htm?a=-1439004500#sel=34:47,34:102;35:32,35:276]*

[357] *Плутарх:* Артаксеркс. 14; 16, 17; 23; [http://ancientrome.ru/antlitr/t.htm?-a=1439004500#sel=29:309,29:335;31:63,31:68;32:227,32:250;41:15,41:17]

[358] *Плутарх:* Артаксеркс. 11 *[URL: http://ancientrome.ru/antlitr/t.htm?-a=1439004500#sel=24:170,24:213]*

[359] *Плутарх:* Артаксеркс. 17 *[URL: http://ancientrome.ru/antlitr/t.htm?a=-1439004500#sel=32:12,32:18]*

[360] *Ктесий Книдский:* Персика. Кн. XIX-XX. F 26 § 16 *[URL: http://simposium.ru/ru/node/12247]*

[361] *Ктесий Книдский:* Персика. Кн. XIX-XX. F 26 § 17 *[URL: http://simposium.ru/ru/node/12247]*

[362] *Плутарх:* Артаксеркс 16-17 *[URL: http://ancientrome.ru/antlitr/t.htm?a=-1439004500#16], [http://ancientrome.ru/antlitr/t.htm?a=1439004500#17]*

[363] *Дандамаева М.А.:* Политич. история Ахеменидской державы *[URL: https://books.google.ru/books?id=t5LHDQAAQBAJ&pg=PA232]*

Тиссаферн был умерщвлён в 395 г. до н.э. – так же по хитрому плану Парисатиды[364][365][366][367][368]*[прим. 369]*

2. Дальнейшая судьба потомков Эстер и Мардохея

Как было изложено выше, в 401 г. Мардохей *(Тиссаферн)* женился на дочери Эстер *(Статиры)* и Артаксеркса и был назначен *караном* Северных областей империи, включая Малую Азию и Закавказье, взял титул Оронт I и стал официальным основоположником династии Оронтидов (Ервандидов)[71][72][370][371]*[прим. 372]*.

---

[364] *Ксенофонт*: Эллиника 3.4.25
[365] *Диодор Сицилийский*: 14.80.8 [URL:http://simposium.ru/ru/node/1135]
[366] *Полиэн*: Стратегемы. 7.16.1. [URL: http://www.xlegio.ru/sources/polyaenus/book-7.html#716]
[367] *Плутарх*: Артаксеркс. 23.1-2 [URL: http://ancientrome.ru/antlitr/t.htm?a=1439004500#23]
[368] *Cornelius Nepos*: Conon. 3-4
[369] Мы полагаем, что древние авторы погрешили против истины, «убивая» Тиссаферна в том году. – *автор*
[370] Родословная Тиссаферна: https://fr.wikipedia.org/wiki/Orontides#G.C3.A9n.C3.A9alogies
[371] Родословная Радогуны: http://homepages.rpi.edu/~holmes/Hobbies/Genealogy2/ps23/ps23_155.htm
[372] *Прим. автора:* Часто можно встретить ошибочное мнение, что Династия Оронтидов является армянской, потому, что они в основном управляли Арменией. Такое утверждение является ошибочным по той причине, что до и при Ахеменидов и Селевкидов в этих областях не существовало никакого государства, сатрапии или какой-нибудь административной единицы по имени «Армения». Армения в древности была названием географического региона, соответствующего современному Малому Кавказу [см.: 21, 22, 23]. То есть как полуостров между Средиземным и Черным морем называется Малой Азией, а области между Евфратом и Тигром – Месопотамией, таким же образом территория называемой сегодня Малый Кавказ, в древности называлась Арменией [21, 22, 23], и в этом географическом регионе жили десятки народностей *(преимущественно арамеи)*: халибы *(халдеи, алопы)*, кардухи, макроны, моссинойки *(мушки, или месхеты)*, колхи (см.: Ксенофонт: Анабазис. кн. VII.8.25), саспиры, матиены, кадусии, алароиды, марды, фазианы, тибарены, таохи и т.д. Все вместе они назывались «халибы» *(это – их катойконим)*, «арамеяне» или же «арменийцы». Известно, что цари этой Армении всегда были иранскими династиями *(См. также сноску № 259)*

После восшествия Дария Кодомана на трон *(в 336 г. до н.э.)* Персидской империи, он назначил сатрапом Закавказья внука *(или правнука)* Тиссаферна *(от дочери Статиры)*, известного в истории как Оронт II *(336-331 до н.э.)*, который при нашествии Александра Македонского в Персию героически защищал[373] Персидскую империю от извечных врагов его рода и героически погиб при генеральном сражении *(01.10.331 до н.э.)* в Гавгамелах, возглавляя правый фланг Персидской армии.

После поражения Персии в этой войне и установления греческой власти над Персидской империей, сын этого Оронта Мифрен *(331-316 гг. до н.э.)* был назначен Александром Македонским сатрапом Закавказья и Восточных областей Малой Азии на место отца. После падения Ахеменидской и Селевкидской империй на этих территориях возникли десятки маленьких арамео-еврейских царств: Адиабена, Осроена, Айрарат *(основал в 316 до н.э. вышеуказанный Мифрен – Оронт III)*, Софен *(основал в III в до н.э. его внук, отец Оронта IV – Аршам)*, Коммогена *(основал в 163 до н.э. сын Оронта IV – Птоломей)* и др., над которыми царствовали разные потомки Тиссаферна и Статиры[370][371] и которых селевкидский правитель Антиох III *(≈242-187 гг. до н.э.)* впервые в истории объединил в одну сатрапию, которую и после битвы при Магнезии унаследовал праправнук Тиссаферна Арташес I, провозгласив ее государством Армения *(в 190 г. до н.э.)*. В 133 г. до н.э., член Аршакидской династии и основатель ветви этой династии в Армении еврей[92][93][*прим. 374*] Вагаршак I *(брат или сын Парфянского царя Митридата I Великого)*, захватив

---

[373] *Арриан:* Anabasis 3.8.5 [URL: http://simposium.ru/ru/node/12737]

[374] *Прим. автора:* Вагаршак учередил в Армении новую должность – венеценалагатель *(аспет-тагадер)*, которая до падения Армении наследственно принадлежал еврейскому роду Багратуни. См. об этом также сноску:[198]

Арминию, женился на дочери или внучке Арташеса, этим и основал объединенную аршакидско-оронтидскую династию *(как при Артаксерксе II и Тиссаферне)* в Армении. В 287 г. Рим хитростью посадил *(см. здесь стр. 40)* на царский престол Армении своего полководца Трдата III *(грека по национальности, полководца Римской армии, близкого друга будущего римского императора Лициния* [375]*, внедренного в госструктуры Армении с помощью поддельных свидетелей и подстроенных событий)*, колонизовал Армению и очистил ее от евреев и останков Оронтидов-Аршакидов, чем привел к непрекращающейся сотни лет гражданской войне в Армении *[см. здесь стр. 41]* между истинными хозяевами этих земель *(арамео-евреями)* и римскими колонистами *(совр. армянами, которые являются ассимилированными в местной среде греками)*. Политика этнической чистки евреев в Закавказье греками *(совр. армянами*[прим. 376]*)*, стимулировала поток мигрантов *(см. здесь стр. 44)* на Кавказские горы *(в извечное убежище спасающихся!)*, что и стало причиной сильной распространенности иудаизма на Кавказских горах в середине первого тысячелетия н.э.

---

[375] *Агатангелос*: История Армении. § 37, 41, 43, 44 [URL: http://www.vehi.net/istoriya/armenia/agathangelos/ru/02.html]

[376] *Прим. автора:* Совр. армянский язык является ассимилированной версией греч. языка III века в арамейской, тюркской, иранской и кавказской среде. Т.е. современный греческий и современный армянский языки являются ответвлением с III в. одного и того же праязыка [см. лит. 1]. Тогда как до III в. – т.е. до колонизации Армении Римом, под этнонимом «армян» подразумевали их антагонистов – арамеев. См. Страбон: I.2.34, XVI.4.27, а также здесь стр. 31-32

Почему перепутана вся эта история в науке?

Проблема возникает из-за того, что иудейская и арамейская история Ближнего Востока и Закавказья не изучена должным образом и, можно сказать, не изучена совсем, тогда как в Ближнем Востоке и в Закавказье 1-2 тыс. лет воцарялась иудейская и арамейская цивилизация. А это является прямым следствием того, что нынешние хозяева этих земель активно стирали с этих территорий всякие следы предыдущих хозяев, чтобы утвердить свою автохтонность в этих местах. Выше *[см. здесь стр. 64]* мы писали: со времен Персидской империи до нас не дошло ни одного философского, исторического или литературного произведения, как будто такой развитый язык, как арамейский, с совершенным алфавитом *(от которого произошли алфавиты многих последующих народов*[377]*)*, грамматикой, словарным запасом существовал только для использования в канцелярии и для написания нескольких наскальных надписей царей, а половина населения земного шара, которая была гражданами этой огромной империи и разговаривала на арамейском, была безграмотной (?). Тогда как в соседних странах давно уже существовал целый ряд философских, литературных школ, напр., в Индии давно уже существовали Веды *(XV-? до н.э.)*, Упанишады *(VIII-? до*

---

[377] *Wikipedia:* Финикийское письмо *[URL: https://ru.wikipedia.org/wiki/-Финикийское_письмо]*

н.э.) и целый ряд литературных произведений[378][379][380][381][382]; Греция шагнула в эпоху своего Ренессанса еще со времен Гомера *(VIII до н.э.)*, Кикликов *(VIII-V в. до н.э.)* и досократиков *(включая школы «семи мудрецов» – VII-V в. до н.э.)*[383]; в Китае процветало «конфуцианство» *(VI-? в. до н.э.)* и «сто школ мысли» *(V-? в. до н.э.)* и др.[384]. А с территории огромной Персидской империи (550-330 до н.э.) – на территории которой жила половина населения земного шара того времени – до нас дошло всего несколько царских надписей (???), и те обнаружены случайным образом европейцами.

Все это исходит из того, что история Ближнего Востока искажена Римом в начале н.э, и с лица Земли стерты следы целой еврейской цивилизации повсеместно – от Карфагена до Закавказья *(как, напр., Рим сжег сокровищницу мыслей древности – «Александрийскую Библиотеку»)*.

А как это возможно, что через даже 2 000 лет в высокоразвитом обществе людей можно продолжать обманывать, дезориентировать, и скрывать целую цивилизацию?! Но, с другой стороны, ведь у Рима по сей день получается же держать половину населения земного шара в мире иллюзий, заставив людей верить

---

[378] *Wikipedia:* Ведический период *[https://en.wikipedia.org/wiki/Vedic_period]*

[379] *Wikipedia:* Список исторических индийских текстов *[https://en.wikipedia.org/wiki/List_of_historic_Indian_texts]*

[380] *Wikipedia:* Список древних индийских писателей *[URL: https://en.wikipedia.org/wiki/List_of_ancient_Indian_writers]*

[381] *Wikipedia:* Хронология индуистских текстов *[URL: https://en.wikipedia.org/wiki/Timeline_of_Hindu_texts]*

[382] *Wikipedia:* Ведическая и санскритская литература *[URL: https://en.wikipedia.org/wiki/Vedic_and_Sanskrit_literature]*

[383] *Wikipedia:* Список сохранившихся произведений классической древнегреческой литературы *[URL: https://ru.wikipedia.org/wiki/Список_сохранившихся_произведений_классической_древнегреческой_литературы]*

[384] *Wikipedia:* Китайские классические тексты или канонические тексты *[URL: https://en.wikipedia.org/wiki/Chinese_classics]*

в антисемитские проповеди[385] изобретенного в его лабораториях *(вроде Кумранских)* сотнями политтехнологов-библеистов[392-397] вымышленного персонажа Иисуса[386], чья биография была сфабрикована методом искусственного воплощения прежних предсказаний[387], подгоном событий и его «биографии» под «мессианские пророчества»[388][389][390][391] Еврейской Библии, методом компиляции десятков теорий-болванок[392]

---

[385] *Статьи в Wikipedia* относительно христианского антииудаизма: Критика Иисусом Иудеев *[https://en.wikipedia.org/wiki/Woes_of_the_Pharisees];* Антииудаизм в раннем христианстве *[https://en.wikipedia.org/wiki/Anti-Judaism_in_early_Christianity];* Антисемитизм и «Новый Завет» *[https://en.wikipedia.org/wiki/Antisemitism_and_the_New_Testament];* Еврейское богоубийство *[https://en.wikipedia.org/wiki/Jewish_deicide];* Христианство и антисемитизм *[https://en.wikipedia.org/wiki/Christianity_and_antisemitism];* Антисемитская утка *[https://en.wikipedia.org/wiki/Antisemitic_canard]*

[386] Образ Иисуса — как сплав древних миф. См.: *Статьи в Wikipedia:* Мифологическая школа в христианстве *[https://ru.wikipedia.org/wiki/Мифологическая_школа];* Сторонники теории мифа в Христианстве *[https://en.wikipedia.org/wiki/Category:Christ_myth_theory_proponents];* Историчность Иисуса Христа. <u>Раздел:</u> Иисус как миф *[https://en.wikipedia.org/wiki/Историчность_Иисуса_Христа];* Иисус в сравнительной мифологии *[https://en.wikipedia.org/wiki/Jesus_in_comparative_mythology]*

[387] Фрагменты кумранских текстов о Мессии *[URL: https://biblia.org.ua/apokrif/kumran/o_messii.shtml.htm]*

[388] *Kaplan, Aryeh (1985):* The real Messiah? a Jewish response to missionnaries *(New ed.)*. New York: National Conference of Synagogue Youth. ISBN 978-1879016118. The real Messiah *[URL: http://www.simpletoremember.com/vitals/the_real_messiah.pdf]*

[389] *Тони Аламо:* Мессия согласно Библейскому проречеству *[URL: [URL: https://books.google.com/books?id=uI-b8L_Vgd8C]*

[390] Таблица: Исполнение ветхозаветных пророчеств в Новом Завете *[URL: https://azbyka.ru/shemy/ispolnenie_prorochestv.shtml]*

[391] *Wikipedia:* Ветхозаваетные пророчества о страданиях Христа *[URL: https://ru.wikipedia.org/wiki/Страсти_христовы#Ветхозаваетные_пророчества_о_страданиях_Христа];* Библейское пророчества об Иисусе *[URL: https://en.wikipedia.org/wiki/Bible_prophecy#Jesus];* Иисус в сравнительной мифологии *[URL: https://en.wikipedia.org/wiki/Jesus_in_comparative_mythology];* Христианские мессианские пророчества *[https://en.wikipedia.org/wiki/Christian_messianic_prophecies];* Мессия *[URL: https://ru.wikipedia.org/wiki/Мессия];* Мессианский иудаизм *[URL: https://ru.wikipedia.org/wiki/Мессианский_иудаизм]*

[392] *en:Wikipedia:* Category:Biblical authorship debates; // Hebrew Gospel hypothesis

[393][394][395][396][397]. Именно из уст этого фальшивого и не существовавшего «авторитета» евреи объявлялись *язычниками, безбожниками, «порождениями ехидны»* (Мф. 3:7, 12:34, 23:33; Лк. 3:7), *«окрашенными гробами»* (Мф. 23:27), *«сыном геенны, и даже вдвое хуже них»* (Мф. 23:15), *«детьми Дьявола»* (Ин. 8:44); а его продолжатели – т.н. отцы христианства – пошли еще дальше, объявили их *богоубийцами* (1 Фессалон. 2:14-16), *антихристами, палачами многих их священномучеников* (Лк. 11:49; Мф. 21:36, Мф. 23:34), *ответственными за кровь Иисуса* (Мф. 27:25; Деяния 13:27-28), *объявляли их Библию «ветхой», подлежащей забвению* (Евр. 8:7-13). В результате все население Востока и Запада поднялось против евреев и, вдохновляясь *«небесным благословением»*, стало считать высшим наслаждением и богослужением уничтожение евреев или их книг.

Именно для сокрытия этого обмана, и тысяч преступлений[398] Рима, Ватикан по сей день держит свои архивы в секрете.

В результате всех этих процессов, монотонный *(арамео-еврейский)* облик Ближнего Востока и Закавказья изменился до того, что сегодня даже представить невозможно, что когда-то на территории Ирана, Ирака, Сирии и Армении существовала величайшая еврейская цивилизация и некогда эти регионы были населены арамеями[прим. 399] [см. также здесь стр. 28-40].

---

[393] *en:Wikipedia:* Q-source; // L-source; // M-Source
[394] *en:Wikipedia:* Two-source hypothesis; // Three-source hypothesis; // Four-document hypothesis
[395] *en:Wikipedia:* Q+/Papias Hypothesis
[396] *en:Wikipedia:* Common Sayings Source
[397] *en:Wikipedia:* Synoptic Problem // Category:Synoptic problem
[398] *en:Wikipedia:* List of Roman wars and battles // Category:Wars involving Ancient Rome
[399] *Прим. автора:* Не зря Еврейская Библия предупреждала, что грядёт опасность для еврейского народа из самого *«предела севера» [Иезекииль 38:15]*, откуда Гог (греки?) из стран Магога (Македонии?), объединив под

Если часть этой цивилизации была стерта с лица Земли последующими этническими пришельцами, чтобы ограбить и присвоить себе все достижения, наследие прежних хозяев этих земель, а часть – именно чередующимися религиозными программами последующих веков *(христианством, зороастризмом и исламом)*, в котором ключевую роль сыграл именно Рим. Так, поддерживая сперва фарисеев, а потом ессеев и других течений в рамках своей политики «Разделяй и властвуй!», Рим добился достаточного углубления трещин в иудейском обществе Ближн. Востока. Позже, оставив их в стороне, начал разрабатывать *(в своих лабораториях, вроде Кумранских*[400] *– прямо под окошечкой Иродиодов!)* и инкогнито[401] внедрять *(развернув по всему Ближн. Востоку огромную пропагандистскую деятельность, через*

своей власти Рош (Рим?), Мешех (Каппадокию) и Фувал/Тубал (Лидию?) *[Иез. 38:3]*, Эфиопию и Ливию (Карфаген?) *[Иез. 38:5]*, Иран *[Иез. 38:5]*, а также весь отряд Гомера, и «дом Фогарма» и многие другие народы *[Иез. 38:6]* (т.е. Адиабены, Милитены, Софена, Закавказье, часть Парфии?) – восстанет против Бога (христианством?) и его народа (евреев), уничтожит навсегда Израильское царство (в 135 г.?). *«На землю Магог и на жителей островов, живущих беспечно»* Бог пошлёт огонь *[Иез. 39:6]* (Везувий – 79 г.?). В результате всех этих событий Бог будет прославлен *«перед глазами многих народов»* [Иез. 38:23, 39:21] – *(и в действительности бог Авраама и Моисея после всех этих событий стал богом всей Европы, Ближнего Востока, Средней Азии и Америки)*

[400] *И. Д. Амусин:* Гл. IV: Кумранская община и ранее христианство *[URL: http://www.greeklatin.narod.ru/amus/_0202.htm]*; *Александр Владимиров:* Кумран и Христос *[URL: http://www.vav.ru/books/kumran/]*; *Димитрий Юревич:* Из книги "Пророчества о Христе в рукописях Мертвого моря". СПб., 2004, 254 с., ISBN 5-902679-01-X *[URL: http://www.sinai.spb.ru/book/messiah-02-content.html]*

[401] *Прим. автора:* Чтобы не выдать своих агентов за рубежом и придать возникновению христианства естественный вид, Рим своё участие в этой авантюре профессионально камуфлировал, искусственно изображая из себя «гонителя христиан», тогда как совр. ученые (Г.Додвелл [24], Э.Гиббон [25], Кандида Мосс...) «гонение христиан в Риме в начальном ее этапе» считают явно преувеличенным, и сфабрикованным. Дж. де Сент-Круа об этом пишет: *«Т.н. "Великое гонение" было преувеличено христианской традицией до такой степени, что Гиббон даже и не предполагал»* [26]. Кандида Мосс в своей кн. «Миф о преследования» пишет: *«Большинство дошедших до нас источников*

своих агентов/ шпионов в облике учителей, наставников, «апостолов»[402], путешественников, проституток[403], купцов, торговцев, и т.п. мошенников) по всему Среднему Востоку свою собственную версию Библии *(объявляя её «обновленной версией» Еврейской Библии)*, в действительности же вселяющей в каждого пацифизм[404] *(т.е. покорность Риму[405])* и анти-иудаизм[385]. Заразившись этим вирусом, весь Средний Восток охватили антииудейские настроения, ненависть к иудеям, управляя которыми Рим завладел всем Ближним Востоком и через руки своих зомбированных слуг *(фанатичных христиан)* начал активно стирать всякие следы еврейско-арамейской цивилизации. В недосягаемой Парфии же Рим начал тестировать десятки антииудейских программ, одна из конфессий Ахурамазды *(зороастризм)*, показав себя более жизнеспособной, одержала верх и начала активно оттеснять с территории Парфии всякие элементы еврейской цивилизации – вместе с ее носителями. Для ослабления Сасанидов Рим и после этого продолжал испытывать прочность разных идеологических течений в Иране, как альтернативу

по гонению христиан в Риме, таких, как "Акты мучеников" и др. являются богатыми, развлекательными, и... далекими от истины» [27].

[402] Чтобы убедиться в том, что т.н. "апостолы" были штатными агентами Рима, достаточно заглянуть в эту статью: *М. Бейджент:* Свитки Мертвого моря. *§16. «Павел: Римский агент или осведомитель?»* *[https://rutlib.com/book/22258/p/23]*

[403] *Прим. автора:* Поскольку в местностях мужчин-миссионеров поголовно истребили как агентов Рима [см.: "священномученики"], Рим после I-II вв. отказался от этой практики и начал активно использовать вместо них проституток. Например, в Закавказье христианство впервые насадили именно сотни Римских куртизанок: Рипсимия, Гаиания, Нина и др., – "сексуальный скандал" с которыми чуть не завершился импичментом армянского царя Трдата III, от которого избежал, распространив через свои «пресс-службы» информацию, что якобы он их *(куртизианок)* уже казнил.

[404] *Wikipedia:* Христианский пацифизм *[URL: https://en.wikipedia.org/wiki/Christian_pacifism]*

[405] Пацифизм в Христианской Библии: *Матф. 5:38-44; Лук. 6:27-30, 35; Рим. 12:17-21; 13:1-4; 1 Коринф. 6:7; 1 Петр. 2:13; Тит. 3:1; 1 Тим. 2:1-3* и т.д.

зороастризму *(напр., Манихейство[406])*, чтобы инициировать противостояние и гражданскую войну в Сасанидском Иране, но, как известно, безрезультатно. Зато организацией гос. переворота в 224 г. в Иране Рим оставил последнее арамео-еврейское государство – Армению на поле боя наедине с собой – которую после госпереворота в 287 г. очень легко проглотив, превратил в свою колонию[407]. Дальше все пошло по программе "Damnatio memoriae" – переселенные сюда из Македонии греки *(превратившиеся позже в совр. армян)* начали активно стирать отсюда всякие следы арамео-еврейской цивилизации, включая самих её носителей[408]. Отныне в стране Мардохеев, Аршамов, Санатурков начали править потомки *Траянов, Веспасиянов, Домициянов, Юлиянов, Аврелиянов, Октавиянов,* и др., – то есть *Петросяны, Кочаряны, Саргсяны* и др. крипторимляне[прим. 409]. Поскольку этническая трансформация региона произошла на фоне религиозной, эффект «мультистабильного восприятия» гештальтпсихологов помешал историкам отделить фабулу от фона при такой амбивалентности происходящих событий, и поэтому этнолингвистический фон Римской экспансии в регион остался незамеченным. Переплетение дефицита источников, со слабой методикой науки и тенденциозностью ученых *(селективный подход к и так немногочисленным источникам в зависимости от этнорелигиозных взглядов ученых)* порождало множество вопросов: какое отношение мог иметь персидский сатрап и

---

[406] *Wikipedia:* Манихейство в Римской империи
[407] *Wikipedia:* Великая греческая колонизация
[408] *Арман Ревазян:* "МАКАРАЦ". гл.10-я : «Забыл я народ свой и дом отца своего» *[URL: http://husisapail.narod.ru/revazian02.htm]*
[409] *Прим. автора:* Не случайно, что отныне и армяне начали править Римско-Византийской империей [См. Лит.: 28; 29], наряду с греками, как единый этнос с ними, тогда как невозможно представить во главе Римской империи Тиграна или Тиссаферна. – *автор.*

полководец Тиссаферн к Мардохею и они оба к совр. армянам – с предками *(греками)* которых они *(Тиссаферн, Арташес, Тигран и др.)* всю жизнь воевали; какие отношения могли иметь иудеи к Закавказье; почему иудаизм оказался распространен на Кавказских горах в середине первого тысячелетия н.э.; как могли оказаться Закавказские ашкенази в Германии; и куда исчезли «10 Израилевых колен»? Ответ прост: связывающие страницы событий тех веков вырваны из истории и заменены ложными (см.[227]313][См. также 410]). В результате вся славная история и наследие евреев и арамеян[411] *(арамеев)* в Закавказье, Оронтидов, а также тех, кто исповедует григорианство[412] *(включая совр. сирийских арамеев[413]* [прим. 414] *и крымских половцев[415][416])*, кто использует «Месроповой алфавит»[417], чье название похоже на

---

[410] *Wikipedia:* Фальсификация истории [URL: https://ru.wikipedia.org/wiki/Фальсификация_истории]

[411] Именно так называет Еврейская Библия арамеев. См. Быт. 25:20; 28:5; 31:20, 24; 1 Пар. 7:14; Иез. 27:16

[412] *Прим. автора:* «Григорианство» было основным вероучением всех Закавказских народностей в IV-VIII вв. [лит. 30] – включая протоазербайджанцев *(булгаров, савиров, кыпчаков,…)*. Её насадителем в Закавказье считается Римский спецагент [лит. 2] Григориус *(т.н. «просветитель»)*, которого современные армяне *(рудименты Рима)* по праву считают своим *(ведь и они тоже, как и он, являются греками!?!)*.

[413] Относительно синонимичности терминов «арамеец» и «сириец», и различия «арамеян» и совр. «армян» см: *http://www.aramnahrin.org/Dutch/-Aramese-Geleerden-Getuigenis.htm*

[414] *Прим. автора:* Интересным является тот факт, что армян всегда путали с арАмЕянами, и даже депортация арАмЕян *(арамеев)* из Турции во время Первой Мировой войны считается геноцидом армян [см.: лит. 31], а единственным аргументом в пользу этого утверждения является то, что после этого в Турции не осталось армян *(А были ли до этого? ☺)*. А Арам[177], сын Сима, которого совр. армяне считают своим родоначальником, в действительности является родоначальником арАмЕянов.

[415] *Бахтияр Тунджай:* Армяно-кыпчаки, или албаны? [URL: http://e-center.asia/ru/news/view?id=1313]

[416] *Ризван Гусейнов:* Тюрки армяно-григорианской веры Азербайджана и других стран – жертвы тотальной арменизации [URL: https://www.kavkazplus.com/news.php?id=139#.WVCDl2jyg2w]

[417] *Прим. автора:* «Месроповой алфавит», которым пользуются сегодня только в Армении, до аннексии Закавказья к Арабскому Халифату использовали все народности Закавказья, включая протоазербайджанцев [32]. Его

армен, арман, эрмен, армина, hermen[прим. 418] и др. Начались приписываться какому-то смайлику Армению, тогда как лидирующая позиция совр. Армении во всех антисемитских отчетах общеизвестна[419][420][421][422].

изобрел римский офицер [33] Месроп Маштоц по поручению Рима [34; 35] (по его гранту) для всех основных народностей Закавказья [36; 37] на основе эфиопского алфавита [39 стр. 15, 40]. Поскольку после раздела Закавказья между Ираном и Римом в 387 г. идеологическая работа римских политтехнологов в Иранской части стала недоступной из-за глушения Ираном в своей части всех "радиовещательных станций" Рима *(т.е. церквей)*, Рим планировал пустить в ход "печатные станки", результатом чего стало изобретение нового алфавита *(отличного от парфянского и привычного арамейского)* для всех народностей Закавказья и перевод на их языки с использованием этого алфавита массы проримских *(т.н. «религиозных»)* литератур.

[418] *Прим. автора:* Термин "армен" и его словоформы: «Armin», «Armen», «Armeni», «Арман», «Арминиус», «Арманд», «Армандо», «Армани», «Ерминиа», «Ермен», «Армена», «Армина», «Армине», «Арминас», «Ирмин», «Эрмина», «Эрминиа» «Irminones», «Harman», «Herman», «Hermann», «Hermine», «Hermina», «Hermína» и т.п. являются очень распространенными терминами в мире, и они не имеют никакого отношения к армянам.

[419] Антииудаизм в совр. Армении:
- *News.am:* Осквернен памятник жертвам Холокоста в Ереване *[https://news.am/rus/news/35144.html];*
- Vandals Deface Holocaust Memorial in Armenia. The Jerusalem Post. 23 декабря 2007. *[URL: http://www.jpost.com/Jewish-World/Jewish-News/Vandals-deface-Holocaust-memorial-in-Armenia]*
- Армения увековечивает фашистов, антисемитов, участвовавших в Холокосте *[URL: http://jewishjournal.com/opinion/170783/];*
- *Кавказский Узел:* Антисемитизм в Армении *[URL: http://www.kavkaz-uzel.eu/articles/37913/]*
- *Израиль Барук:* Глубокие корни BDS *[URL: http://blogs.timesofisrael.com/the-deep-roots-of-bds/]*

[420] *Римма Варжапетян:* Антисемитизм в Армении 2004—2005 *[URL: http://web.archive.org/web/20060923150317/http://www.eajc.org/program_art_r.php?id=59] (Зеркало: http://archive.li/qazJj)*

[421] *Александр Муринсон:* Антисемитизм в Армении *[URL: http://thehill.com/blogs/congress-blog/foreign-policy/227301-anti-semitism-in-armenia].* ЗЕРКАЛО: *[URL: http://azertag.az/ru/xeber/Amerikanskii_ekspert_napisal_ob_antisemitizme_v_Armenii-819253]*

[422] *Арье Гут:* Нынешнее руководство Армении возводит антисемитизм в ранг государственной политики *[http://irevanaz.com/rus/index.php?newsid=2234]; [https://youtu.be/L42gR_33d-Y]; Arye Gut:* Anti-Semitism in Armenia: a clear and present danger. 8.12.2014 *[http://www.jns.org/latest-articles/2014/12/8/anti-semitism-in-armenia-a-clear-and-present-danger]*

Известна так же и ненавистническая позиция Оронтидов[423], Арташесидов[424] и Аршакидов к предкам совр. армян *(Грецию и Риму)*. Не зря евреи Византийского периода называли совр. армян амалекитами, а их Армению – Амалек[425][426], тогда как древних армян единогласно считали потомками Авраама *(см. здесь стр. 38)*.

Сегодняшняя Армения *(отрубленная голова змеи — Рима)* – единственное место в Закавказье, где не жили и не живут евреи[427] *(в сколько-нибудь массовом количестве)*.

---

[423] См.: *Плутарх:* Алкивиад. 24 *[URL: http://ancientrome.ru/antlitr/t.htm?-a=1439001200#sel=81:116,81:124]*. Цитата: *«Тиссаферн: от природы свирепый и **в ненависти к грекам** не знавший себе равных среди персов...»*

[424] *Wikipedia:* Битва при Артаксате *[URL: https://ru.wikipedia.org/wiki/Битва_при_Артаксате]* // *Wikipedia:* Битва при Тигранакерте *[URL: https://en.wikipedia.org/wiki/Battle_of_Tigranocerta]*

[425] *Фадеева И.Л.:* «Авраам Галанти – ученый и политик» // Еженедельная еврейская газета «Еврейское Слово», №40, (313) 5767/2006, 25 октября - 31 октября. Цитата: *«В ряде источников Армения именуется Амалек, евреи называли армян амалекитами. Такой же термин для их обозначения использовали в Византии».*

[426] Правда об АМАЛЕКАХ. – Бог дает добро на убийство – Кто такие амаликитяне и какое они имеют отношение к армянам? *[http://geoclub.info/doc/amalek.pdf.* Зеркало: *http://arminfocenter.org/news/2011-07-23-623]*

[427] *Петр Люкимсон:* По следам евреев Армении // "Вестник Кавказа". 2.08.2012 [http://vestikavkaza.ru/news/Po-sledam-evreev-Armenii.html]

Итог

1) В книге Есфири описаны события, происходящие накануне «Битвы при Кунаксе» *(401 г. до н.э.)*;

2) Мардохей есть известный полководец Тиссаферн – основатель династии Оронтидов (Ервандидов), праправнук Гидарна *(одного из семи персов-заговорщиков, приведших Дария к власти)*; Эстер есть его двоюродная сестра, любимая жена персидского царя Артаксеркса II – Статира; а ее соперница Астинь есть ее свекровь Парисатида *(жена Дария II)*; и наконец Аман есть Кир Младший *(герой «Анабасиса» Ксенофонта)*;

3) Тиссаферн и Статира очень долго были единственными доверенными лицами, родственниками Артаксеркса *(ближе, чем мать и братья)*, оберегали его от заговоров, в результате чего позиция еврейского клана при Артаксерксе сильно окрепла в Персидской империи, особенно в её Северных областях, и эта позиция иудаизма в Закавказье и прилегающих областях сохранилась вплоть до геноцида евреев Римом в Закавказье в IV в. н.э. *(до насильственной христианизации Закавказья)*.

Так, после госпереворота в Армении в 287 г. *(см. здесь стр. 40)*, Рим начал активную колонизацию Закавказья, в результате чего Армения, будучи до IV в. арАмЕяно-еврейской страной, постепенно сменила свой этнолингвистический облик и превратилась в грекоязычную страну. Изгнанные ими в извечное убежище спасающихся – в горы – арамеи-евреи стали причиной распространения иудаизма на Кавказских горах в середине первого тысячелетия нашей эры. Неоднократная их попытка освободить родину от римских колонизаторов *(от совр. армян)* встречалась с сильным отпором со стороны римских войск, дислоцированных здесь (см. здесь стр. 43). Занявшие их территории римские колонисты *(совр. армяне)* активно стирали все их следы в Армении повсеместно и по закону победителей присвоили себе всё их имущество, доблести, историю, наследие и этноним – чтобы узаконить свою автохтонность здесь *[об этом процессе см. здесь на страницах 48-67, 59, 96, 103, 107,…].* Отныне эта страна *(Армения)* начала считаться извечной страной греков *(т.е. совр. армян)*, а Мардохей, Эстер и все их родственники *(т.е. Оронтиды)* объявлялись греками *(тогда как Тиссаферн [ярый антигрек*[423]*] и его потомки вечно боролись с греками, чтобы не допустить именно этого).*

Чтобы организовать реванш-атаку на Рим, закавказские евреи и потомки Тиссаферна-Эстер примкнули к антиримской активизации кавказских гуннов[428] *(чье*

---

[428] *Прим. автора:* Позиция официальной науки относительно «Великого переселения народов» вызывает удивление: как будто гунны пришли из Китая в Европу с целью ограбить кого-то, и случайным образом им под руку попал Рим, тогда как им было бы выгоднее ограбить более близкую и богатую Индию или же Парфию. Такая нелогичная теория исходит из другой, еще более нелогичной мысли, что *«Ведь Тюрки же извечно жили на Алтае. Откуда они могли оказаться в Европе, кроме как не с Алтая?».* В свою очередь эта нелепая логика вытекает из наивного взгляда: *«Потому, что их впервые письменно фиксировали именно там, значит, хронология их миграции тоже должна совпадать с последовательностью их фиксации в местностях»,* тогда как отсутствие письменной культуры др. *[напр., кавказских]* соседей гуннов не учитывается. Известно, что родина агглютинативных языков *(к которым относятся и тюркские языки, возраст которых насчитывает не менее 5-6 тыс. лет. См. лит.: 41; 42)* является Передняя Азия, и до вытеснения их отсюда семитскими языками *(с XXIV в. до н.э.)* они были доминантными на Среднем Востоке: напр., шумерский, хурритский, эламский, касситский и др. языки *(т.е. восточно-ностратические языки, в семью которых входят и тюркские языки).* Именно с тех времен носители этих языков *(и гаплогруппа R1b [Y-ДНК])* начали агрессивно расширять свой ареал по левому и правому берегу Каспийского моря, что четко прослеживается по археологическим культурам Северного Кавказа и Ср. Азии, связывающих их с Передней Азией: Джейтунская культура *[5 700 г. до н.э.],* Кура-араксская культура *[4 000-2200 до н.э.],* Кувшинная погребания *[4 000-? до н.э.],* Индская цивилизация, *[3 300-1 300 до н.э.],* Янгельская культура *[IX-VII вв. до н.э.]* и др. Начиная с XX в. до н.э. следы тюркских племен

сплочение было ответной реакцией на захват Римом в том веке Закавказск. торговых путей[429][430][431][432][433][434], *кот. затронул их экономич. интересы, обесцениванием аналогичных Северокавказских маршрутов Рим-Китай, Рим-Индия – основных источников доходов гуннов), позднее через них к антиримской коалиции готов. В итоге через несколько сот лет Закавказские Ашкенази оказались рассыпаны по всей Европе*[435][436].

впервые фиксируются в китайских источниках [см.: 43-46], языки которых связывает с Передней Азией (шумерами) не только агглютинация, но и целый ряд лингвистич. общностей: сингармонизм, автономность падежей, типология порядка слов SOV, смазанность категории времени, редупликация и т.п. [см.: 47], а также совпадение словарной базы [48]. Вероятными предками тюрков в древней Передней Азии ученые считают Турук[к]ов [49], Кумманов [50], Субарейцев [51] и др. Известно, что еще задолго до «великого переселения народов», в Кавказских горах существовал (III в.) сильный тюркский каганат [52], в Сасанидской армии служили тюрки, и вообще многие древнекавказские авторы писали о проживании на территории Закавказья разных тюркоязычных племен до III в. [53-56] и даже до н.э. [49, 50, 51, 57; 58; 59]. См. также здесь стр. 30.

[429] *Мехмет Тезджан:* Торговля с Востоком в эллинский и Римский периоды и борьба за восточно-западную торговлю на Кавказе. // «Кавказ & Глобализация». Том 6. Вып. 4. 2012. Стр. 227 [URL: 142-158 [URL: https://books.google.ru/books?id=UBzMDQAAQBAJ&pg=PA142]

[430] *Рауф Меликов:* Об участии племён античной Албании в международной торговле [http://ethnoglobus.az/index.php/vse-novosti/item/1315-об-участии-племён-античной-албании-в-международной-торговле]

[431] *Манандян Я.А.:* О торговле и городах Армении в связи с мировой торговлей древних времен (V в. до н.э.-XV в. н.э.). Ереван, 1954. // стр. 95. § 21. Мировая торговля Запада с Востоком [URL: http://serials.flib.sci.am/Founders/Manandyan-o%20torg.%20i%20goro-dax%20Arm1954/book/index.html#page/102/mode/2up]

[432] *Wikipedia:* Древние контакты между Китаем и Средиземноморьем

[433] *Перевалов С.М.:* Большой Кавказ в геополитических интересах Римской империи: // В сб. "Большой Кавказ - узел геополитических интересов" *(Материалы региональной межведомственной научно-практич. конференции).* Стр. 227 [URL: https://books.google.ru/books?id=-3bgJDgAAQBAJ&pg=PA227]

[434] *Страбон:* II.15 и XI.7.3; *Плиний Старший:* Естеств. Ист., VI.19.2

[435] Евреи прибыли в Европу с Кавказа. Кто же такие ашкеназы? [http://jews.by/novosti/evrei-pribyili-v-evropu-s-kavkaza-kto-zhe-takie-ashkenazyi].

[436] *Wikipedia*: Хазарская гипотеза происхождения ашкенази [https://en.wikipedia.org/wiki/Khazar_hypothesis_of_Ashkenazi_ancestry]

Оставшиеся на Кавказе их части еще долго занимались тут обороной Закавказья – их наследственных владений – от разных нападений[437] и, в конце концов, ассимилировались в среде кавказских народностей и азербайджанцев. А их родина – Армения[прим. 438] – отныне навеки досталась римлянам, т.е. совр. армянам.

«Десять Израилевых колен» навсегда потерялись именно тогда. Аман, который хотел истребить роды евреев и отдать их владении в руки македонцев, наконец-то добился своего.

Письмо одного из последних останков «Десять потерянных колен» из вершины Кавказских гор:

«…Армения, и [наши] отцы бежали перед ними [....] потому, что были не в со[стоян]ии выносить иго идолопоклонников, и [люди Казарии] приняли их потому, что л[юди] Казарии были сперва без Торы, в то время как [их сосед Армения] оставил Тору и писания…»*(Фрагмент из «Еврейско-Хазарск. переписки»)*[439]

Мечта Амана наконец-то сбылась!

---

[437] *Wikipedia:* Арабо-хазарские войны

[438] *Прим. автора:* Не путать с совр. грекоязычной Арменией в Закавказье *(совр. армянский язык является ветвью протогреческого языка [см. лит. 1], частично ассимилированной в арамейо-кавказо-иранской среде, тогда как до III в. н.э. под армянским языком подразумевался именно семитский язык. См. Strabo: I.2.34., XVI.4.27.).* Совр. армянский этнос возник после 287 г. н.э. в результате гос. переворота в Аршакидской Армении Римом [см. здесь стр. 49]

[439] Кембриджский документ *[URL: http://www.vostlit.info/Texts/Dokumenty/Russ/X/Chaz_evr_dok_X/text10.htm]*

ЛИТЕРАТУРА

1. Список литературы, указывающий родство армянского языка с греческим: https://sites.google.com/site/graecoarmenian/.
- Цитаты:
— «Схождения армянского языка с греческим в грамматике, а отчасти и в лексике давно уже признаны сравнительно-историческим языкознанием. Меньше уделялось внимания данным сравнительно-исторической фонетики, еще меньше — сопоставительной фонологии. Не встретило возражений мнение А. Мейе, что фонетический строй армянского языка изменился под влиянием южнокавказских языков и потому глубоко отличен от фонетического строя других древних индоевропейских языков^2. Это согласовывалось и с традиционным представлением о периферийном положении армянского языка в кругу индоевропейской языковой семьи, что обычно объяснялось поздним приходом предков армян в восточную Анатолию и южное Закавказье»[440]
— «Греческий и армянский языки относятся к индоевропейским и в настоящее время являются фактически единственными представители своих языковых подгрупп в отличие от славянской или романской группы. При этом несмотря на дистанцию, армянский наиболее близок к греческому, с которым он разделяет несколько общих изоглосс»[441]
— «Что касается армянского языка, то совершенно верно, что фонетический облик его отличается от фонетики других индоевропейских языков вследствие определенных стремлений, которые появились в нем под влиянием неиндоевропейского субстрата, на который осели вторгшиеся армяне. Таким же образом претерпела изменения и морфологическая структура армянского языка. Но, тем не менее, многие характерные черты или формы в армянской морфологии убедительно соответствуют формам других индоевропейских языков. <...>. Вообще многие черты армянского языка определяют его принадлежность к индоевропейским языкам. Кроме того, нельзя сказать, что и синтаксическая структура армянского языка существенно отличается от структуры других индоевропейских языков. Все же тот факт, что язык формировался в неиндоевропейской среде, имел серьезные последствия»[442].
— «Впервые датский лингвист Хольгер Педерсен (1924), заметил, что количество лексических соответствий между греческим и армянским больше, чем количество совпадений между армянским и прочими индоевропейскими языками. Антуан Мейе (1925, 1927) изучив морфологические и фонологические соответствия, предположил, что исходные языки, от которых произошли греческий и армянский, были диалектами на географических территориях, расположенных по соседству с территорией распространения их исходного языка. Гипотеза Мейе получила известность после выхода его книги (Meillet. Esquisse, 1936). Солта (Solta, 1960) не заходит так далеко, теоретически постулируя существование прото-греко-армянского периода, однако заключает, что в смысле лексики и морфологии греческий язык, очевидно, ближе других соотносится с армянским. Хэмп (Натр, 1976:91) поддерживает греко-армянскую гипотезу и приближает время, «когда мы должны говорить об эллино-греческом» (подразумевая предположение греко-армянского протоязыка). Клэксон (Clackson, 1994: 202) на основании свидетельств в пользу существования греко-армянской подгруппы склонен включать армянский язык в греко-арийскую семью. В работе

---

[440] *Широков О. С.:* Армяно-греч. этногенетические контакты по данным сравнительно-исторической фонологии // Историко-филологический журнал. – Ер., 1977. – № 1. – С. 85-100. [http://hpj.asj-oa.am/2726/1/1977-1(85).pdf]
[441] *Wikipedia:* Армяне в Греции
[442] *Бэнэцяну Влад:* Некот. вопросы этногенеза армян. // Историко-филологич. журнал, 1961, № 2, с. 101-102 [http://hpj.asj-oa.am/334/1/61-2(91).pdf]

Гамкрелидзеи Иванова также выделяется несколько изоглосс, отделяющих греческий и армянский от индоиранских диалектов (выделившихся в ходе распада греко-армяно-арийской общности). <...>. Нахлех, Варноу, Риндж и Эванс (2005), применив различные методы установления филогении, обнаружили, что пять процедур (максимальная парсимония, максимальное подобие, попарное объединение и методика Грея и Аткинсона) подтверждают существование греко-армянской подгруппы».

- Об этом родстве в этой кн. пишется на стр. 40-50, 59, 96, 103, 107...(сноски: 244, 438, 409, 376)

2. *Otvet.ma, il.ru:* Чем доказывается парфянское происхождение святого Григория Просветителя, тогда как многие факты свидетельствуют о его греческом происхождении? *[https://otvet.mail.ru/question/201598745].*
    - В этой кн. об этом на стр. 40, 48...
3. *Р.Л.Манасерян:* К вопросу о вероисповедании населения городов Армении. (I в. до н.э.-IV в. н.э.) *[http://hpj.asj-oa.am/5200/1/1989-2(198).pdf].* стр. 201
4. *Карнелий Тацит:* История. V в. *[URL: http://ancientrome.ru/antlitr/t.htm?a=1343793434#sel=11:2,11:38]*
5. *Циклопедия:* Поклонение евреев богам неевреек
6. *Wikipedia:* Ранняя история Бога *[URL: https://en.wikipedia.org/wiki/The_Early_History_of_God]*
7. *Пиатровский Б.Б.:* Припонтийские халдеи и урарты // Крат. сообщ. ИИМК. — 1940. - Т. 5. - С. 5—10.
8. Халибы *[URL: http://simposium.ru/ru/node/8324]*
9. *Максимов М.И.:* Античные города юго-восточного Причерноморья: Синопа, Амис, Трапезунт. Стр. 3, 19, 25-31, 121, 137, 138, 141, 143-144, 192, 194, 195, 211, 338 *[URL: http://www.sno.pro1.ru/lib/maksimova_antichnie_goroda_sep/download.htm]*
10. *Wikipedia:* Письмо Абгара Иисусу *[URL: https://en.wikipedia.org/wiki/Abgar_V#The_Letter_of_King_Abgar_to_Jesus]*
11. *Wikipedia:* Спас Нерукотворный
12. *David Frankfurter:* Pilgrimage and Holy Space in Late Antique Egypt. Irfan Shahid. Arab Christian Pilgrimages. — BRILL, 1998 — p. 383 — ISBN 9789004111271 *[http://books.google.ru/?id=3yENB_dXAtwC&pg=PA383]*
13. *Gerald H. Anderson:* Biographical Dictionary of Christian Missions. Addai. — Wm. B. Eerdmans Publishing, 1999 — p. 5 *[URL: http://books.google.ru/?id=oQ8BFk9K0ToC&pg=PA5]*
14. *Duncan Greenlees:* The Gospel of The Gnostics — Book Tree, 2006 p. L *[URL: http://books.google.ru/?id=rYl6Xrngf9wC&pg=1]*
15. *Victoria Urubshurow:* Introducing World Religions — JBE Online Books, 2008 — p. 187 *[https://books.google.ru/?id=tBhrg3kYU-cC&pg=PA187]*
16. *Энциклопедия Иудаика*: Малая Азия [http://www.jewishvirtuallibrary.org/asia-minor]
17. *Дьяконов И.М.:* Предыстория армянского народа: История Армянского нагорья с 1500 по 500 г. до н.э. Хетты, лувийцы, прото-армяне. // Ереван, Изд.-во АН Армянской ССР, 1968. § 2. Проблема мушков [http://annales.info/other/djakonov/03.htm#04]
18. *Б.Б.Пиотровский:* Ванское царство *(Урарту). Стр. 123 [https://books.google.ru/?id=iOf9AgAAQBAJ&pg=PA123&dq=Направленность]*
19. *Манандян Я.А.:* Тигран II и Рим *[URL: https://books.google.ru/?id=-3DAgAAQBAJ&pg=PA6]*

20. *Иосиф Флавий:* Иудейская Война *[https://azbyka.ru/otechnik/Istorija_Tserkvi/iudeiskaya_voina/#note1]. Прим. ред.: «Это сочинение Иосифа Флавия до нас не дошло. Очевидно, оно было написано на арамейском языке»*
21. *Wikipedia:* Армения *(исторический регион)*
22. *Wikipedia:* Малая Армения
23. *Wikipedia:* Арминия *[URL: https://en.wikipedia.org/wiki/Arminiya]*
24. *Wikipedia:* Додвелл Генри *[https://en.wikipedia.org/wiki/Henry_Dodwell]*
25. *Гиббон Э. (1776):* Закат и падение Римской империи. Глава XVI. — М.: Терра, 2008. — Т. II. *[https://en.wikipedia.org/wiki/The_History_of_the_Decline_and_Fall_of_the_Roman_Empire]*
26. *Streeter J., de Ste:* Croix on Persecution // Christian Persecution, Martyrdom, and Orthodoxy. — Oxford University Press, 2006.. P. 68
27. *Кандидада Мосс:* Миф о преследования: Как ранние христиане придумали историю мученичества. // Нью-Йорк: HarperOne, HarperCollins, 2013 ISBN: 978-0-06-210452-6. *[URL: https://en.wikipedia.org/wiki/The_Myth_of_Persecution].* стр. 87
28. *Wikipedia:* Список византийских императоров армянского происхождения
29. *Wikipedia:* Византийские династии армянского происхождения
30. *Фейзудин Нагиев:* О зарождении христианства в Закавказье и на Кавказе *[URL: https://www.academia.edu/30075089/О_зарождении_христианства_в_Закавказье_и_на_Кавказе.doc]*
31. *С.Курто:* Забытый геноцид: восточные христиане, последние арамейцы *[см.: https://books.google.az/books?isbn=1593330774]*
32. *Фиридун Агасыоглу:* Албанский алфавит – миф или реальность? *[URL: http://myazerbaijan.org/index.php?p=history/2]*
33. *В. С. Налбандян:* Жизнь и деятельность Месропа Маштоца // Месроп Маштоц. Сборник статей. — Ер., 1963. — С. 23. *(арм.). Автор, опираясь на сообщение Корюна о том, что «знанием ратного дела снискал (Маштоц) любовь своих воинов» (гл. 3) - утверждал, что он был в Вагаршапате на военной службе, имея, вероятно, воинскую степень.*
34. *Корюн (440 г.):* Житие Маштоца. Гл. 16 *[URL: http://www.vehi.net/istoriya/armenia/korun/koriun16-29.html]*
35. *Моисей Хоренаци:* История Армении. кн. III, гл. 57-58
36. *Wikipedia:* Алфавит Кавказской Албании *[URL: https://en.wikipedia.org/wiki/Caucasian_Albanian_alphabet]*
37. *И. В. Кузнецов:* Заметки к изучению агванского (кавказско-албанского) письма. 1999 *[http://www.vehi.net/istoriya/armenia/kagantv/yazyk.html]*
38. *Зия Бунятов:* Азербайджан в VII-IX вв. [http://www.ebooks.az/book 7Tbuawe1.html?lang=ru]
39. *Фарида Мамедова*: Кавказская Албания и албаны. Б. 2005. *[URL: https://books.google.az/books?isbn=9952807309]*
40. *Тамилла Алиева:* Не армянский алфавит, а эфиопский [URL: https://haqqin.az/news/34316]
41. *Starostin, Sergei A., Anna V. Dybo, and Oleg A. Mudrak (2003):* Etymological Dictionary of the Altaic Languages, 3 vol.. Leiden: Brill Academic Publishers. ISBN 90-04-13153-1.
42. *Kuzmina, Elena E. edited by J.P.Mallory.(2007):* The Origin of the Indo-Iranians. BRILL. ISBN 978-9004160-54-5 p. 364 *[URL: https://books.google.ru/?id=x5J9rn8p2-IC&pg=PA364]*

43. *Ахмадали Аскаров:* Арийская проблема: новые подходы и взгляды // В сб. "История Узбекистана в археологич. и письменных источниках", Изд. "ФАН", Ташкент 2005, стр. 81-91 *[https://books.google.ru/books/about?id=2v05DgAAQBAJ&pg=PA9&dq=2205]*
44. *En.Wikipedia: Guifang // Xianyun // Five_Barbarians]*
45. *Wikipedia:* Весенняя и осенняя летописи шестнадцати королевств *(VI в. до н.э.)* *[https://en.wikipedia.org/wiki/Spring_and_Autumn_Annals_of_the_Sixteen_Kingdoms]*
46. *С. Г. Кляшторный, Д. Г. Савинов:* Степные империи Евразии. Предисловие // Санкт-Петербург: «Фарн», 1994. 166 с. *[http://web.archive.org/web/20110901234023/http://kronk.narod.ru/library/klashtorny-savinov-1994-00.htm]*
47. Ряд исследований о родстве шумерского языка с тюркскими:
    ■ *Hommel Fritz:* Etnologic und Geographiye des Alten Orienta. Munchen 1925-1926
    ■ *С.П.Толстов:* По следам древнехорезмийской цивилизации. Ч. II. Гл. V. Раздел 79 *[URL: http://opentextnn.ru/history/archaeology/-expedetion/Tolstov/?id=1634#_ftnref10]*
    ■ *Гахраман Гумбатов:* Генетика против алтайской теории *[URL: http://bao.az/categories_Tarix/subcategories_turk-xalqlar%C4%B1-tarix/product_8982055875]*
    ■ *Тариель Азертурк:* Происхождение клинописных знаков: чьи они?*[https://books.google.az/books/about?id=tzafDgAAQBAJ&pg=PA80]*
    ■ *Закиев М.З.:* Происхождение тюрков — шумерский язык *[URL: http://s155239215.onlinehome.us/turkic/42TurkicAndSumer/ZakievGenesisSumersRu.htm];* А также его же работа: Адекватная тюркология о глубине истории древних тюрков *[URL: http://e-history.kz/media/upload/1466/2014/07/24/911b573a92e114ce4012a11f4006dfd5.pdf]*
    ■ История Балкарии и Карачая в трудах Исмаила Мизиева: В 3 т. *[https://books.google.ru/?id=7RrjDQAAQBAJ]. Стр. 30, 94, 106*
    ■ *Чынар Уметалиева-Баялиева:* Этногенез кыргызов: Музыковедческий аспект. Историко-культурологическое исследование *[URL: https://books.google.ru/?id=en4NDgAAQBAJ&pg=PA28]*
    ■ *İslam Sadıq:* Şumer Tanrı adlarının türk dilində semantik açımı *[URL: http://www.elibrary.az/docs/jurnal/jrn2015_415.pdf]*
    ■ *Qəzənfər Kazımov:* Şumer dilinin quruluşu *[URL: http://www.uludil.gen.az/2_fesil_005.html]*
    ■ *Бахтияр Тунджай:* Тюрки и Шумеры *[URL: http://karabakhinfo.com/11000?lang=ru]*
    ■ *А.М.Харитонов (2002):* Древняя Передняя Азия и проблема древнетюркской прародины *[URL: http://turklib.com/general_history/drevnyaya_perednyaya_aziya_i_problema_drevnetyurkskoi_prarodiny.html]*
48. *Олжас Сулейманов:* Аз и Я: Краткая таблица сопоставления шумерской лексики с тюркской *[http://murataliev.ru/archives/1042]*
49. *Wikipedia:* Туруки *[URL: https://en.wikipedia.org/wiki/Turukkaeans]*
    Следующие ученые считают их прототюрками:
    ■ *Fritz Hommel:* Geschichte Babyloniens und Assyriens, 2016 *(ilk yayım: 1885)* *[https://archive.org/details/geschichtebabylo00hommuoft]*; *[https://archive.org/details/geschichtebabyl01hommgoog]*; *[URL: https://books.google.ie/books?id=ZwpBDAAAQBAJ&pg=PA501&dq=Turuk]*

- *Firudin Ağasıoğlu:* Doqquz Bitik: Azərbaycan türklərinin islamaqədər tarixi. *[https://books.google.ru/?id=4SsPDgAAQBAJ&pg=PA338]*
- *Qəzənfər Kazımov:* Albaniyanın digər türk tayfaları. *[http://bao.az/categories_Tarix/subcategories_azerbaycan-tarix/product_5133838148]*
50. *Wikipedia:* Кумманы *[URL: https://ru.wikipedia.org/wiki/Кумманы]*
<u>Следующие ученые считают их предками Куманов</u>[443][444] <u>(Кыпчаков/Половцев) последующих лет:</u>
- *Бахтияр Тунджай:* Тюркские племена Кавказской Албании *[https://books.google.ru/?id=E2LEDgAAQBAJ&pg=PA8&dq=Кумaны]*
51. *Wikipedia:* Субареи [URL: https://ru.wikipedia.org/wiki/Субареи]
<u>Следующие ученые считают их предками Сабиров</u>[445][446] <u>последующих лет:</u>
- *Эльшад Алили:* Древнее тюркское наследие: саки сисакана и арана (часть 10) *[http://www.rizvanhuseynov.com/2012/10/10.html]*
- *Андрей Суварин:* Немного о наших предках: субарейцы, гунны, суваро-булгары *[http://suvar.org/books/suvarin_a._nemnogo_o_nashih_predkah.pdf]*
52. *В.Б.Ковалевская:* Кавказ и Аланы. / М. «Наука», 1984 / Стр. 95 *[https://books.google.ru/?id=poj_AgAAQBAJ&pg=PA95]* (Цит.: «Для начала, постараемся свести воедино те сведения, которыми мы располагаем для предшествующего гуннскому нашествию времени. Ф.Альтхейм выделил в письменных источниках сообщения об отдельных "кавказских гуннах", которые служили в персидской армии в 60-х годах III в.; для 90-х годов того же столетия армянские историки говорят о гуннских и аланских солдатах [Altheim, 1962, стр. 269-272]. Из Сасанидской надписи 293 г. из Пайкули мы узнаем о тюркском хакане на Кавказе»)
53. *Qəzənfər Kazımov:* Albaniyanın digər türk tayfaları. *[http://bao.az/categories_Tarix/subcategories_azerbaycan-tarix/product_5133838148]*
54. *Бахтияр Тунджай:* Тюркские племена Кавказской Албании *[http://www.gumilev-center.az/tyurkskie-plemena-kavkazskoj-albanii/]*
55. *Гукасян В.Л.:* Тюркизмы в Албанских источниках // "Советская Тюркология". №2. 1977. *[https://books.google.ru/?id=WrbRDQAAQBAJ&pg=PA]*
56. *Юсиф Джафаров:* Гунны и Азербайджан. Стр. 9. *[URL: https://books.google.ru/?id=lZPHDQAAQBAJ&pg=PA9]*
57. *Wikipedia:* Влндур Вунд [https://ru.wikipedia.org/wiki/Влндур_Вунд];
58. *Wikipedia:* Бунтурки [https://ru.wikipedia.org/wiki/Бунтурки]
59. *Бахтияр Тунджай:* Прародина тюрков *[URL: https://books.google.ru/?id=-mXEDgAAQBAJ]*

---

[443] *Wikipedia:* Куманы *[URL: https://en.wikipedia.org/wiki/Cumans]*
[444] *Wikipedia:* Кумания *[URL: https://en.wikipedia.org/wiki/Cumania]*
[445] *Wikipedia:* Савиры || *Wikipedia:* Савиры_в_Закавказье
[446] Сувары *[URL: http://сувары.рф/ru/suvar]*

**The biblical Book of Esther
as one of the most important sources
on the history of the Battle of Cunaxa
(401 BC) and Transcaucasia**

Authored by Jabbar Manaf oglu Mammadov

6.0" x 9.0" (15.24 x 22.86 cm)
Black & White on Cream paper
126 pages
ISBN-13: 9780692880722
ISBN-10: 0692880720

Made in the USA
San Bernardino, CA
08 August 2017

www.ingramcontent.com/pod-product-compliance
Lightning Source LLC
Chambersburg PA
CBHW032055150426
43194CB00006B/528